무심코 지나칠 뻔한

동물을 제대로 발견하는 방법

마츠하시 도모미츠 지음
조신일 이학박사 (서울대공원 전문경력관) 감수
허영은 옮김

봄나무
Bomnamu Publishers, Inc.

'살아 있는 동물을 발견하고 싶다.'
이런 충동에 이끌린 적 없나요?

추천의 글

어느 날 '남가뢰'라 불리는 딱정벌레목에 속하는 곤충이 실험 재료로 급히 필요한 적이 있었어요. 남가뢰의 창자 속에 사는 미생물을 비교 연구하기 위해서였지요. 남가뢰 정보를 얻으려고 평상시 알고 지내는 연구자들과 통화를 했지만 전하는 얘기 대부분이 별로 신통하지 않았어요. 한 친구가 남가뢰가 있을 만한 위치를 알려 주었어요. 그런데 친구가 알려 준 정보를 갖고 그 주변을 사방팔방 둘러보았지만 남가뢰는 보이질 않았어요. 이러다가 남가뢰 코빼기도 보지 못한 채 되돌아가는 것은 아닌지 위기감이 밀려 왔답니다.

잠시 멈추어 서서 마음을 가다듬고 곰곰이 생각하니 할미꽃, 민들레꽃이 만발하는 4월 말부터 5월 초까지 햇빛이 수그러드는 늦은 오후에 남가뢰 성충을 발견했던 기억이 떠올랐어요. 햇빛이 잘 들고 여린 새순이 돋아나는, 남가뢰가 좋아할 만한 장소를 찾아 주변을 다시 둘러보았지요. 아니나 다를까 남가뢰 암수가 짝을 이루어 민들레 꽃대를 잡고 오르고 있었어요! 바로 옆 할미꽃에도 쑥의 새순에도 여러 마리가 대롱대롱 매달려 있었어요.

우리는 주변에서 쉽게 동물을 발견할 거라 확신하고 찾아 나서지만 그 예상이 빗나갈 수도 있어요. 동물마다 주로 활동하는 계절과 시간대, 좋아하는 먹이와 서식 환경, 활동 영역이 제각각이기 때문이에요.

≪동물을 제대로 발견하는 방법≫은 이런 정보를 상세히 알려 줍니다. 우리 주변에서 '살아 있는 동물을 발견하고 싶다'면 그리고 동물을 발견할 수 있는 '정보 수집 능력과 동물적 감각을 키우고 싶다'면 이 책을 꼭 읽어 보기를 추천합니다.

서울대공원 동물원 전문경력관 **조신일**

들어가며

'살아 있는 동물을 발견하고 싶어!'라는 생각이 퍼뜩 머리를 스쳐서 집 밖에 나가도, 원하는 동물을 쉽게 찾을 수 없을 거예요. 어떤 동물은 밤에만 볼 수 있고, 어떤 동물은 여름에만 나타나고, 어떤 동물은 특별한 장소에 가야만 만날 수 있기 때문이에요. 동물마다 나타나는 시간대와 계절, 장소가 다르니까요.

동물을 발견할 수 있는 시간이나 장소를 도감과 인터넷으로 조사했더라도 그것만으로는 실제로 발견하는 데 역부족이에요. 울음소리에 의지해서 찾아야 하는 동물도 있고, 흔적부터 더듬어 나가야 하는 동물도 있고, 경계심이 강해서 사람 앞에 모습을 드러내지 않는 동물도 있거든요. 동물을 발견하려면 자료를 모으는 작업뿐만 아니라 동물의 기척과 냄새와 소리를 알아챌 수 있어야 해요. 우리 몸의 모든 감각을 총동원해야 하지요.

어떻게든 동물을 발견해 내고 싶다는, 누구나 한 번쯤 느껴 봤을 이 못 말리는 '충동'을 실행으로 옮기는 일이란 의외로 어렵답니다.

하지만 포기하지 말고 여러분의 능력과 오감을 최대한 갈고닦아 보세요! 그다음, 동물이 있을 법한 장소를 선택해서 그곳에 남은 동물의 흔적을 찾아보면 어떨까요?

우리가 하려는 일은 존재하지 않는 상상 속 동물을 찾는 게임이 아니에요. **인간의 감각을 회복하기 위한, 모험이라고요!**

동물 사진작가 **마츠하시 도모미츠**

이 책의 사용법

이 책은 동물과 관련된 다양한 분야의 '전문가'가 동물을 발견하기 위해 고민하고 실천해 온 내용을 한데 모았어요. 이를 바탕으로 알게 된 방법을 소개하는 '동물 찾기 전문서'예요.
이 책이 모든 동물을 다루지는 않았지만, 여기에 나온 방법을 여러 동물에 응용할 수 있어요. 그러니 이 책을 어떻게 활용할지는 여러분에게 달려 있답니다!

하나. 1 동물을 발견하려고 노력한 적이 한 번도 없는 사람이라면

우선 이 책을 처음부터 끝까지 꼼꼼하게 읽어 보세요. 그리고 발견하고 싶은 동물이 생겼다면 페이지를 표시해 두고, 여러 번 반복해 읽으면서 그 내용을 머릿속으로 그려 보길 바라요. 그리고 주변에 그 동물을 볼 수 있는 곳이 있는지 찾아보세요. 동네 자연공원과 애완동물 가게를 방문해 도움을 받거나 도감과 인터넷을 이용해도 좋아요. 이제 그 장소로 발걸음을 옮겨서 동물을 찾아보세요. 혹시 발견 방법을 잘 몰라서 헤매거나, 장애물을 만났을 때를 대비해 이 책을 항상 가방 안에 넣고 다니기를 추천해요.

둘. 2 동물 발견하기에 소질이 있는 사람이라면

마찬가지로 이 책을 처음부터 끝까지 차근차근 읽어 보세요. 그리고 어렸을 때 실천했던 방법과 책에서 설명하는 방법에 어떤 차이가 있는지 생각해 보세요. 여러분이 책을 읽으며 공감하는 부분이 조금이라도 있으면 좋겠어요. 이제껏 발견한 적이 없는 동물에 대해서는 책의 내용을 있는 그대로 받아들이고 따라 해 보는 게 어때요? 자기의 경험에 이 책의 비법이 더해지면 여러분은 최강의 '동물 발견 선수'가 될 거예요.

셋. 3 동물을 찾으러 여러 곳을 여행한 사람이라면

자랑만 늘어놓지 말고 이 책의 내용을 빠짐없이 읽어 보세요. 책을 읽으면서 공감이 가는 내용과 그렇지 않은 부분을 반드시 분석하고, 여러분이 생각하는 올바른 발견 방법을 정리해 보길 바랄게요. 여러분만의 비법을 완성했다면 친구들에게도 알려 주세요. 최대한 많은 이에게 '동물 발견하기'의 즐거움을 알리는 거예요. 여러분이 주변에 자연과 동물을 소중히 여기는 마음을 퍼트린다면 참 행복할 것 같지 않나요?

4 들어가며
6 이 책의 사용법
12 여러 가지 도구들

1 물가나 풀숲에 사는 우리 주변의 동물

동물 사진작가는 이렇게 찾아요!

공벌레	16
땅거미	18
호랑나비 애벌레	20
물맞이게	22
미국가재	24
종다리	26
물총새	28
투구새우 · 풍년새우	30
청개구리	32
일본장지뱀 · 다섯줄도마뱀	34
여치	36
방아깨비	38
풀무치	40
장수잠자리	42

무심코 지나칠 뻔한

동물을 제대로 발견하는 방법

2 공원에 사는 동물
자연공원 직원은 이렇게 찾아오!

장수풍뎅이 · 사슴벌레	46
박쥐	48
날다람쥐	52
구렁이	54
오목눈이	56
올빼미	58
다양한 맹금류	60
너구리	62
실제 기록! 센서 카메라는 보았다!!	64
일본원숭이	66
황금새	68
두꺼비	70
산청개구리	72

동물을 찾아 떠나는 모험
발 닿는 대로 떠나는 해외여행! 74

독화살개구리/ 잭슨카멜레온/ 안경원숭이/ 푸른혀도마뱀/
서부푸른혀도마뱀/ 오색앵무/ 붉은관유황앵무/
쿠아카왈라비/ 오브롱가뱀목거북/ 자이언트청개구리

3 물가에 사는 동물

도바 수족관 사육사는 이렇게 찾아요!

해파리	86
해마	88
실고기 · 풀해마	89
거머리말 군락에서 이런 동물도 발견할 수 있어요!	90
문어	92
그 밖에 물웅덩이에서 볼 수 있는 동물을 찾는 방법	94

- 바위를 뒤집으면 있는 동물
- 썰물로 물보라가 생길 정도의 해안가에 있는 동물
- 해조류가 무성한 장소에 있는 동물
- 물이 빠진 뒤 물웅덩이에 있는 동물

게	98

자연 보호관은 이렇게 찾아요!

난세이 제도에 사는 동물

아마미이시카와무당개구리	102
반시뱀	104
아마미검은멧토끼	106
아마미멧도요	108
일본어치	110
나무타기도마뱀	112
식초전갈	114
바다거북	116
내 마음대로 고른 희귀 동물 발견 방법을 소개합니다	118
마치며	127

장화

디자인보다 '밑창'이 중요해요!

일반 장화

물과 숲에서 사용할 수 있는 만능 장화예요. 밑창이 방사형이라 진흙을 털어 내기 쉬워요.

산림 작업용 장화

경사진 숲을 걸을 때는 밑창에 스파이크가 달린 것을 추천해요. 산림 작업용으로 제작된 이 장화처럼 잘리거나 찢기는 충격에도 강한 제품이라면, 독사를 만났을 때도 도움이 되지요.

방사형

스파이크

민물 장화

이끼 낀 바위가 가득한 냇물에서는 자칫 미끄러지기 쉬워요. 밑창에 펠트가 부착된 장화나 가슴장화를 추천해요.

펠트

여러 가지 도구들

동물을 발견하는 데 특별한 도구는 필요 없지만, 그 분야의 전문가가 사용하는 도구를 조금만 소개해 볼게요!

손전등 — 바다거북을 찾을 때는 꼭 있어야 해요!

멀리까지 비추는 강력한 손전등은 어떤 상황이든 요긴하게 쓰여요. 하지만 바다거북이나 날다람쥐를 관찰할 때는 광량이 세지 않은 제품에 빨간 필름을 씌워서 사용하는 편이 좋아요.

빨간 필름을 씌워요.

쌍안경

사실은 없어도 상관없어요.

쌍안경은 사람의 눈으로 알아보기 힘든 먼 곳의 물체를 볼 때 도움이 돼요. 하지만 이 책에 나온 전문가들은 최대한 맨눈으로 보려고 하지요.

적외선 열 카메라 (센서 카메라)

강력한 도우미

감지기가 반응하면 셔터가 눌리는 디지털 카메라예요. 경계심이 강한 동물이나 야행성 동물을 찾을 따 도움이 되지요.

플라스틱 상자

전문가는 항상 갖고 다녀요.

플라스틱 상자는 물속에 사는 동물을 볼 때 사용하는 관찰용 물안경 대신 사용할 수도 있어요. 잡은 동물을 집에 데려오고 싶을 때도 쓸모가 있어서 한 개 정도는 꼭 갖고 다닌답니다.

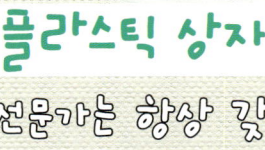

장갑

맨손은 아무래도 위험해요.

장갑은 바위나 나뭇가지를 뒤집을 때 손을 보호해 줘요. 이 장갑은 칼날처럼 날카로운 물건에 베이지 않게 해 줘요.

독극물 제거기 (포이즌 리무버)

만일의 사태를 대비해서!

독극물 제거기는 독사 같은 동물에게 물렸을 때 필요하지요.

초음파 박쥐 탐지기

어떤 박쥐인지 알아내지요.

박쥐가 발사하는 초음파를 찾는 장치예요. 박쥐 초음파의 주파수를 분석해 무슨 종의 박쥐인지 알아낸답니다.

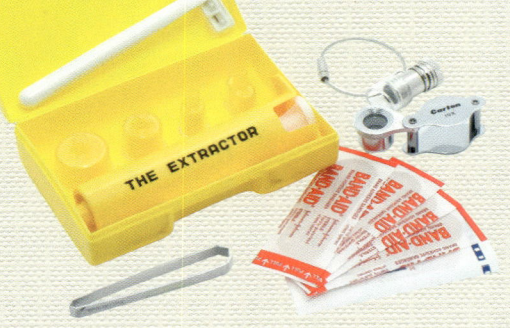

1

우리 주변의 동물
물가나 풀숲에 사는

Profile

마츠하시 도모미츠

수족관에서 사육사로 일하다가 동물 사진작가가 되었어요. 물가에 사는 동물을 비롯한 야생동물, 수족관과 동물원에 사는 동물, 특이한 애완동물의 사진을 찍으면서 어린이책 작가로도 활동하고 있어요.

동물 사진작가는 이렇게 찾아요!

동물 사진작가인 나는 다양한 동물을 촬영하기 위해 하루가 멀다 하고 집 근처 자연 속을 돌아다녀요. 동물들은 모두 '숨바꼭질 선수'랍니다. 동물을 찾는 데 필요한 것은 내 몸에서 나는 발소리와 기척을 조절하는 일이에요. 숨 쉬는 소리와 몸통의 움직임, 심지어 감정까지도 드러내지 말아야 할 때가 있어요. 이런 점에 항상 신경 쓰면서 행동하면 바스락대는 낙엽 위에서도 조용히 움직일 수 있답니다. 무신경하게 걷다가 갑자기 동물을 발견했을 때 깜짝 놀라 버리면 동물을 만날 기회가 별로 없을 거예요.

동물이 숨어 있는 장소, 외부로 나오는 계절과 시간대, 햇빛의 방향, 바람의 세기 그리고 관찰자의 행동까지 고려한 동물 발견 방법을 알려 줄게요!

공벌레

짠! 하고 뒤집으면 '그 녀석'이 숨어 있지요

물가나 풀숲에 사는 우리 주변의 동물

DATA

몸길이 1cm 정도
특징 한겨울이 아니라면 쉽게 발견할 수 있어요.
마당에 사는 공벌레가 우리가 알고 있는 '공벌레'예요. 바다에 사는 공벌레는 '갯쥐며느리'고요. 공벌레를 다른 말로 '콩벌레'라고도 불러요.

Found it!

화분 밑에서 발견했어요!

뒤집혀 있는 모습을 발견했다면 원래대로 돌려 주세요!

자주 머무는 곳

인공적인 것을 좋아해요

자연 속의 나무나 돌 아래보다 마당의 화분처럼 사람이 만든 물건 아래에서 발견되는 경우가 많아요. 보통 흙 위에 놓인 화분 밑에 많아요. 아스팔트 위에 있는 화분이라도 흙 위에서 옮긴 지 얼마 안 됐다면 그 밑에서 볼 수 있기도 해요.

언제 볼 수 있을까?

추운 날씨에는 약해요

겨울에는 개체 수가 감소하지만 거의 일 년 내내 볼 수 있어요.

도자기 화분 밑도 좋아하지요.

발견하는 방법

황폐해진 장소를 노리자!

콘크리트 블록, 널판자, 병 같은 쓰레기를 살짝 들춰서 그 아래를 찾는 것도 좋은 방법이에요. 정성껏 손질하며 가꾼 화분 밑에는 별로 없어요. 아무렇게나 내버려 두어 황폐해진 장소를 찾아보세요. 다른 사람이 사랑을 듬뿍 주며 키우는 화분을 멋대로 들추는 행동은 예의에 어긋나는 일이기도 하니까요.

내가 어릴 때는 우리 집도 친구네 집도 대부분 단독 주택이라 작은 마당이 있었어요. 마당의 화분을 들추면 거의 매번 공벌레를 발견할 수 있었어요. 번화한 시내의 아파트로 이사를 한 다음부터는 한 마리도 보지 못했지만요.
그러고 보니 우리 주변에 있던 동물들은 어디로 갔을까요? 아이들에게 "우리 주변에는 무슨 동물이 있지?" 하고 물어보면 "글쎄요, 햄스터?"라는 대답이 돌아오는 시대가 되었어요. 이제는 야생 동물이 친근하게 느껴지지 않나 봐요. 옛날에는 이름만 들어도 질색했던 집게벌레나 민달팽이, 달팽이, 거미 같은 동물조차 지금은 그리워요.
가끔 시골집에 가서 화분이라도 들춰 보고 싶다는 생각을 할 때도 있어요.

같은 장소에서 찾을 수 있는 동물
쥐며느리, 민달팽이, 육지플라나리아, 집게벌레

땅거미

가늘고 긴 거미집이 실마리!

물가나 풀숲에 사는 우리 주변의 동물

> 잡아당길 때는 무조건 천천히 신중하게!

> 거미집 여러 개가 나란히 있어요.

자주 머무는 곳

오래된 돌계단 같은 곳

땅거미가 있는 곳은 바닥과 수직으로 세워진 콘크리트 벽이나 비포장 상태인 땅의 오래된 돌계단이에요. 사람들에게 인기 없는 산속의 돌계단 같은 곳에서 땅거미를 발견할 확률이 높겠지요.

발견하는 방법

집 뒤쪽이나 그늘을 노려봐요

마당이 있는 집에서 찾는다면, 경계선 역할을 하는 콘크리트 벽이 적당해요. 벽 주변을 한 바퀴 쓱 둘러보세요. 가스 검침원이 드나들 법한, 인적이 드문 집의 뒤쪽이나 그늘진 장소에 많답니다.

장난기가 발동해서 잡아당긴 가늘고 긴 거미집을 조금 더 파 보았어요. 거미줄이 온 사방에 퍼져 있었어요. 땅거미가 며칠에 걸쳐 착실하게 작업했다는 것을 알 수 있었어요.

> 커다란 녀석이 나타났어요!

18

땅

거미를 알고 있는 친구들이 얼마나 될까요? 우리 주변을 잘 살피면 발견할 수 있는 동물이지만 찾는 사람은 거의 없어요.

나는 대학생이었을 때 이런 궁금증을 이기지 못하고 설레는 미팅 자리에서 땅거미 이야기만 떠들었던 적이 있어요. 여학생들의 관심이 내게서 멀어질 것이란 각오는 이미 한 상태였죠.

아니나 다를까 "뭐야 그게, 기분 나쁜 동물인걸.", "너 도대체 무슨 이야기를 하려는 거야?"라며 친구들의 비난이 쏟아졌어요. 그러던 중 놀랍게도 한 여학생이 "나 어렸을 적에 자주 끄집어내곤 했었어."라면서 대꾸를 해 주었어요.

거미를 좋아하는 미인이 많다는 말은 사실이었나 봐요. 예상과 달리 예쁜 여학생이 적극적으로 반응해 주자 나의 땅거미 이야기는 쉴 새 없이 계속되었어요. 나는 무엇보다 땅거미를 알고 있는 친구가 나타났다는 사실이 기뻤어요. 무지무지 기뻤어요…….

하지단 한편으로는 손짓 발짓을 동원해 가며 거미집을 끄집어냈던 경험담을 신나게 늘어놓는 여학생을 보며 두근거리던 마음이 조금씩 식어 가는 것을 느꼈어요. 그래서 생각했어요. 만약 여자 친구가 생긴다면 땅거미를 모르는 여자면 좋겠다고요.

거미집 주변을 지나가는 벌레를 콱 붙잡아 버린답니다!

몇 년 만에 땅거미를 발견했어요!

DATA
몸길이 2cm 정도
특징 거의 일 년 내내 발견할 수 있어요.

호랑나비 애벌레

잎을 갉아 먹은 흔적이 있는 귤나무에!

물가나 풀숲에 사는 우리 주변의 동물

DATA
몸길이 5cm 정도
특징 발견하기 쉬운 계절은 봄부터 여름이에요.

날개돋이 과정을 관찰하려고 정성 들여 키웠는데, 어느 날 갑자기 잘 지내던 화분에서 사라졌어요. 그러다 전혀 생각지도 못한 장소에서 번데기로 발견되었어요.

쇼핑몰에서 발견했어요!

Found it!

어느 초등학교 선생님이 호랑나비 애벌레를 키워야 하는 곤란한 상황이라며 한숨을 쉬었어요. 그 선생님은 도시에서 나고 자라서 호랑나비를 본 적도 없었는데, 수업 시간에 애벌레를 키워야 했던 거예요. 그 말을 듣고 꿈이면 좋겠다고 생각할 정도였대요. 학생 중에 동물을 좋아하는 아이가 있으면 순조롭게 진행되겠지만, 그렇지 않으면 직접 애벌레를 찾아와야 한다고 했어요. 이런 복잡한 도시에서 애벌레를 찾기는 쉽지 않을 텐데……. 과연 수업이 잘 진행될까요?

산초나무

꽃시장의 귤나무

귤나무

'벌레가 파먹은 잎'을 찾아보세요!

자주 머무는 곳

쇼핑몰의 과일나무 코너

봄부터 여름 사이에 귤나무나 산초나무를 찾는 것이 기본적인 방법이에요. 하지만 남의 집 마당에 무턱대고 들어갈 수도 없는 노릇이지요. 집에서 키우는 나무는 벌레가 잎을 갉아 먹기 전에 약을 칠 때가 많아요. 그래서 우리의 목표는 대형 쇼핑몰이나 꽃시장의 과일나무 코너예요. 여기에서 귤나무 화분을 찾아보자고요!

귤나무나 산초나무에 붙어 있는 애벌레를 찾은 다음, 가게 주인에게 부탁하면 틀림없이 그냥 가져가라고 할 거예요. 하지만 애벌레만 데리고 집에 돌아가면 먹이가 없어 사육하기 곤란해요. 이럴 땐 화분을 통째로 사는 방법을 추천해요. 그러면 집에서 날개돋이 과정까지 관찰할 수 있답니다.

발견하는 방법

알을 낳으러 나타날지도?

쇼핑몰의 과일나무든 마당의 귤나무와 산초나무든 애벌레를 발견하는 방법은 똑같아요. 벌레가 잎을 갉아 먹은 나무를 찾으면 돼요. 나무줄기 혹은 잎의 표면과 안쪽을 샅샅이 뒤져 보세요. 큰 애벌레는 금방 눈에 띌 거예요. 쇼핑몰에서 판매하는 나무 화분에 애벌레가 없다면 귤나무 화분을 사 오세요. 집 마당이나 현관의 해가 잘 드는 곳에 두고 상태를 살펴보세요. 도시어도 호랑나비가 꽤 많아서 알을 낳으러 화분 근처에 나타날지도 모르니까요. 알 낳는 장면이 보고 싶다면 아침에 관찰하면 좋아요. 애벌레를 발견하려면 잎에 벌레 먹은 자국이 있는지 매일 확인해야 해요.

나비는 다양한 꽃의 꿀을 빨러 돌아다니지만, 알은 애벌레가 먹을 수 있는 잎에만 낳아요!

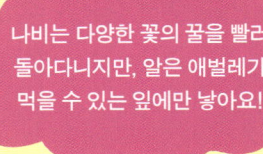

물맞이게

축축하게 젖은 돌 아래에?

물가나 풀숲에 사는 우리 주변의 동물

쓰레기가 둥둥 떠 있는, 약간 더러운 수로에 많아요.

발견하는 방법

거의 육지나 다름없는 물가!

물맞이게를 찾을 때 물속에서 사는 동물이라는 인상 때문에 하천이나 물가 또는 물속의 바위를 뒤집는 일이 많아요. 하지만 사실 물속보다 바위를 뒤집었을 때 물이 넘칠까 말까 할 정도로 얕은, 땅바닥이나 다름없는 깊이의 돌을 노리는 것이 좋아요. 여러분이 생각했던 물맞이게의 이미지가 많이 바뀔 것 같네요.

자주 머무는 곳

방치된 수로에

깨끗한 시냇물보다 황폐한 용수로에 많아요. 함부로 버려진 쓰레기, 콘크리트 파편, 함석판 아래에서 볼 수 있어요. 물맞이게를 많이 잡고 싶으면 더러운 수로에 가면 돼요. 온 가족이 함께 찾고 싶으면 하천의 돌 아래를 선택하면 좋아요. 하천은 위험할 수 있으니 어른의 조언을 듣는 것을 추천해요.

강변에서는 조금 촉촉하게 젖은 정도의 돌을 뒤집어 보세요!

확 뒤집으면 몸을 웅크려요.

가 족 여행으로 머물렀던 고급 숙소에서 저녁 식사 메뉴로 물맞이게 튀김이 나왔어요. 나는 어릴 때 물맞이게를 키웠던 적이 있어서 먹으려니 조금 내키지 않았어요. "요즘 보기 힘든 진짜 물맞이게네. 옛날에는 하천에서 곧잘 잡고는 했는데 말이야." 나는 금세 추억에 잠겨 말했어요. 그러자 아들이 "게가 하천에 있어요? 바다가 아니고요?"라는 거예요. 물맞이게를 모르는 것 같았어요. 심지어 맛있어 보인다며 아무렇지도 않게 잘 먹더라고요! 나는 그 모습에 살짝 충격을 받았어요……. 아들에게 게는 그저 음식일 뿐일까요? 나는 9년 동안 아들에게 무엇을 가르쳐 온 것일까요.

아, 좋은 생각이 떠올랐어요! 다음 주말에는 하천에 물맞이게를 찾으러 가야겠어요. 그리고 아들과 함께 키워 볼래요.

언제 볼 수 있을까?

언제나 있어요!

겨울에는 흙이나 퇴적물 아래를 파고 들어가기 때문에 발견하기 어렵지만, 제대로 마음먹고 찾으면 일 년 내내 볼 수 있어요.

DATA

몸길이 3cm 정도
특징 한겨울이 아니라면 발견하기 쉬워요.

나타났다!
수로에서 발견했어요!

Found it!

작지만 제법 박력 있다고요!

물맞이게를 날로 먹으면 폐 감염증에 걸릴 위험이 있어요! 먹을 때는 불에 완전히 익었는지 확인해야 해요.

콕콕 찌르면서 건드리면 양쪽 집게발을 들어 올려 위협하지요.

미국가재

외국에서는 식재료로 인기!

> 물가나 풀숲에 사는 우리 주변의 동물

일을 끝내고 돌아오니 현관에 양동이가 보였어요. 가까이 가 보니 그 안에 가재가 있었어요! "오! 이거 뭐야? 이 빨간 가재 어디서 잡아 왔어?"라고 물어보자, 아내가 "잡아 온 것이 아니라 애완동물가게에서 사 온 건데."라고 말하더라고요.

"쇼핑몰에서 장을 보는데 아이가 자꾸 방해를 해서 애완동물 가게에서 구경이나 하고 있으라고 했더니, 가재가 무척 마음에 드는지 그 앞에서 떠날 줄을 모르더라고. 어쩔 수 없이 한 마리 사 오게 되었어."라면서요.

나는 흥분해서 "뭐? 쇼핑할 때 아이를 애완동물 코너에 두고 가면 어떻게 해. 가게 사람들에게 폐를 끼치는 일이잖아……. 그리고 가재 같은 것은 아무 데나 가서 잡아 오면 될 것을."이라고 말했어요.

그러자 아내는 "뭐라고!? 그럼, 일만 하지 말고 아이랑 가재 잡으러 다녀오든가 해. 나는 시장에 겨우 다녀올 정도로 매일 바쁘단 말이야!"라고 하면서 방으로 들어갔어요.

아이고, 내가 쓸데없는 소리를 했나 봐요…….

DATA
몸길이 12cm 정도
특징 발견하기 쉬운 계절은 봄부터 가을이에요.

> 하천의 수생 식물을 끌어당겨서 그 아래를 망으로 쑤시며 어지럽히면 나타나요!

역시 논이 최고

하천 주변의 작은 웅덩이나 천천히 가늘게 흐르는 시내의 수초, 강변의 식물 뿌리 아래에 숨어 있어요. 논에 물이 가득 차는 시기에는 농수로에 있던 가재도 논으로 흘러 들어가요. 중간 물떼기(논에 댔던 물을 빼는 일) 시기에는 미처 마르지 않은 작은 물웅덩이에 있기도 해서 발견하기 쉬워요. 논에 직접 들어가지 말고 논두렁길에서 관찰하는 것이 좋아요.

겨울에는 없어요…….

겨울에는 습한 땅속이나 물속 퇴적물 아래에서 겨울잠을 자기 때문에 발견하기 매우 어려워요. 이른 봄부터 여름이 가재를 발견하기 가장 좋은 계절이지요. 공원이나 절의 연못, 겨울에도 물이 마르지 않는 수로를 찾아보면 있을 거예요.

화가 나면 자기 몸이 휘청거릴 정도로 커다란 집게발을 치켜들어요!

꽤 쉽게 발견했어요!

Found it!

한국에서는 별로 먹지 않지만 외국에서는 식재료로 인기가 높아요! 먹을 때는 진흙을 잘 털어 내야 해요.

종다리

땅과 한 몸처럼 보여요

물가나 풀숲에 사는 우리 주변의 동물

집중해서 관찰했더니 땅 위에 서 있는 것을 발견했어요!

Found it!

DATA
- **몸길이** 18cm 정도
- **특징** 발견하기 쉬운 계절은 5월 무렵이에요.

아들은 이제 초등학생이에요. 첫 등교 후에 배운 것이 한 가지 있는데, 우리 가족이 살고 있는 도시를 대표하는 새가 '종다리'라는 사실이었어요. 이를 계기로 아들은 종다리에 엄청난 관심을 갖게 되었어요.

내게 "종다리는 어떤 새예요? 이 근처에도 있어요?"라며 질문을 퍼부었지요. 생각해 보니 한 도시를 상징하는 새라면 도시 여기저기에 많을 것 같았어요. 그런데 기억을 더듬어 보니 실제로 종다리를 본 적이 없는 듯했어요······.

나도 이곳에서 자라서일까요? 어린 시절부터 종다리에게 어쩐지 마음이 끌렸거든요. 어떻게 하면 종다리를 발견할 수 있을까요?

넓은 장소를 좋아해요

종다리는 강변이나 경작하기 전의 논처럼 넓은 장소를 좋아해요. 강변에서 가만히 책을 읽으면서 기다리는 방법을 추천할게요. 하늘을 날면서 '삐르르 삐르르' 하고 큰 소리로 지저귀기 때문에 금방 알아챌 수 있을 거예요. 종다리가 하늘을 날고 있을 때는 눈에 잘 띄기는 하지만 아래에서 올려다보면 그림자처럼 보이는 경우가 많아요. 몸 색깔이나 다른 특징을 제대로 관찰하고 싶으면 땅에 내려오는 타이밍을 노려야 해요. 착륙한 지점에 가만히 다가가서 종다리 '울음소리'에 귀 기울여 보세요. 울음소리가 들려오는 쪽으로 가서 자세히 살펴보면 멀뚱거리며 서 있는 모습을 발견할 수 있을 거예요.

걷고 있어요!

평소에는 땅을 걷고 있는 경우가 많고, 몸 무늬도 수수해서 한눈에 찾기 어려워요. 하지만 짝짓기 철인 봄에는 하늘을 날면서 지저귀기 때문에 4월부터 5월이 종다리를 발견하기 가장 좋은 계절이라고 할 수 있어요.

날고 있는 종다리도 발견했어요!

Found it!

삐르르 삐르르
삐르르 삐르르

물총새

역시 '날아다니는 보석'은 아름다워요!

물가나 풀숲에 사는 우리 주변의 동물

자주 머무는 곳

'삐~' 하는 울음소리

주변에 물총새가 있는지는 하천이나 논, 수로에서 '삐~' 하고 들려오는 울음소리로 알 수 있어요. 공원 연못에 부자연스럽게 꽂혀 있는 나뭇가지가 있다면 '여기 물총새가 있구나!' 라고 생각해도 좋아요.

언제 볼 수 있을까?

겨울철을 제외한 나머지 계절

겨울철에는 따뜻한 남쪽 나라로 가요. 종종 한국에서 겨울을 나기도 하지만요…….

Found it!

나무나 돌 위에서 먹잇감인 물고기를 찾아요!

DATA
몸길이 17cm 정도
특징 봄부터 가을까지 볼 수 있는 여름 철새예요.

집 근처 하천에서 발견했어요!

여름에는 물이 고인 논이나 수로, 연못에서 살아요. 최근 한국에서는 겨울철에 아주 적은 수의 개체가 발견되었어요. 저수지 주변의 둑이나 개울가에 번식하는 흔한 여름 철새였으나, 한때 농약을 많이 쳐서 개체수가 완전히 줄어든 적도 있었어요.

내가 일하는 직장에 신입 사원이 들어왔어요. "저 예전에 날라리였어요."라는 이야기를 속도 없이 하길래 줏대 없이 가벼운 사람 같아서 별로라고 생각했어요. 그런데 하필이면 내가 그 신입 사원의 교육 담당이 되어 버렸어요……. 신입 사원과 함께 차를 타고 거래처를 차례로 방문한 다음, 언제나처럼 수로 옆길에 차를 세우고 "여기는 주차 단속을 하지 않아. 피곤할 때는 이곳에 잠깐 차를 세우고 쉬면 좋아. 나는 바로 앞 편의점에서 도시락을 사서 점심을 먹을 때도 많아."라며 선배답게 무게를 잡으면서 말했어요! 신입 사원은 스마트폰만 처다보며 무성의하게 대답했어요. 그 모습에 조금 화가 나서 "이봐! 듣는 태도가 그게 뭐야!" 하고 야단을 치려 할 때 어디선가 '삐~' 하는 날카롭고 높은 소리가 들렸어요. 그러자 신입 사원이 "앗, 물총새다! 여기 물총새가 사나 봐요?"라고 하지 않겠어요? 물총새를 아는 사람을 만나다니 반가운 마음이 들어서 "어? 너 물총새 소리를 아는구나? 대단한걸! 맞아, 여기 물총새가 자주 나타나는 곳이야!" 하고 맞장구를 쳤어요. 그러자 이제껏 뚱하게 있던 신입 사원도 "우와! 좋은 곳이네요!"라며 즐거운 듯이 이야기꽃을 피우기 시작했어요. 하마터면 듣기 싫은 잔소리를 늘어놓을 뻔했던 나와 긴장한 것을 숨기려고 말을 아끼고 있던 신입 사원을 물총새가 잘 중재해 주었다는 생각이 들었어요.

물총새 촬영을 위해 일부러 꽂은 나뭇가지예요. 부자연스러워 보이지만 버팀목 받침대까지 제대로 만들어서 튼튼해요.

발견하는 방법

아저씨들에게 인기 많은 새

공원 연못에 어색하게 꽂혀 있는 나뭇가지는 물총새 촬영을 위해 아마추어 카메라맨 아저씨들이 꽂아 놓은 거예요. 그곳에서 기다리면 물총새를 만날 확률이 높답니다. 기다리면 분명 커다란 렌즈가 달린 카메라를 든 아저씨들이 나타날 테니, "물총새를 볼 수 있을까요?" 하고 궁금한 것을 물어보세요. 자주 나타나는 시간 같은 다양한 정보를 친절하게 알려 주실 거예요.

공원 연못은 물총새에게 안전한 장소예요. 사람이 많아 천적들이 함부로 공격할 수 없거든요. 물총새는 안전한 장소를 한번 기억하면 거의 온종일 머무는 모양이에요.

투구새우·풍년새우

논에 모여요! 물가나 풀숲에 사는 우리 주변의 동물

둘 도 없는 친구 사이가 된 신입 사원과 점심 시간에 편의점에 들러 빵을 사 먹으면서 물총새를 관찰했어요. 나는 신입 사원에게 "너 투구새우 본 적 있어? 난 어릴 적부터 동물을 좋아했는데 그중에서 투구새우를 엄청 동경했거든. 그런데 이 주변에서 자라서 그런지 실제로 본 적이 없어."라며 내 이야기를 했어요. 그러자 신입 사원은 "아, 그러세요. 전 중학생 때 부모님의 전근으로 기후 현에서 살았던 적이 있는데, 논에 투구새우가 많았어요. 어딜 가도 쉽게 발견할 수 있었어요. 게다가 풍년새우도 많았고요."라고 하지 않겠어요. 나는 "진짜야? 굉장한데! 나 투구새우를 너무 좋아해서 사육 세트를 선물 받은 적도 있는데 부화조차 실패했었어. 그래서 결국 한 번도 본 적이 없어……."라며 아쉬운 마음을 드러냈어요. 신입 사원은 "그런 일이 있었군요……. 여름이 되면 기후 현에 투구새우를 찾으러 같이 가 보실래요?"라며 제안을 해 주었어요. 나는 "오! 좋은 생각이다!" 하고 맞장구를 쳤지요.

언제 볼 수 있을까?

모내기와 관련이 있어요
모내기가 끝난 뒤부터 물떼기 시기 사이에 나타나요.

투구새우

한국에서는 긴꼬리투구새우가 유명해요. 한때 희귀 생물로 지정되기도 했는데 최근에 남해군의 친환경 논에서 집단으로 발견되었어요.

논 가장자리에서 발견했어요!

Found it!

DATA
몸길이 3cm 정도
특징 발견하기 쉬운 계절은 초여름이에요.

불빛을 보고 많이 모여들었어요!

DATA
- 몸길이 2cm 정도
- 특징 발견하기 쉬운 계절은 초여름이에요.

의외로 커요.

풍년새우

발견하는 방법

해마다 나타나는 논을 찾아라

풍년새우가 나타나는 논은 정해져 있어서, 인내심을 갖고 논두렁길을 걸으며 찾는 수밖에 없어요. 논 귀퉁이를 자세히 들여다보자고요. 매년 나타나는 논이 있기도 해서 모내기 작업을 하고 계신 아저씨에게 여쭤 보는 것도 도움이 돼요. 물론 작업에 방해가 되지 않도록 휴식 시간에 말을 거는 것이 좋겠지요.

밤이면 불빛에 이끌려 와요

풍년새우는 밤에 불빛을 비추면 다가와요. 밝은 손전등을 사용해서 풍년새우를 불러 보는 것도 재미있어요.

생김새도 색깔도 물벼룩 같았지만······ 물벼룩이 아니었어요!

개형충(씨조개)

DATA
- 몸길이 1mm 정도
- 특징 발견하기 쉬운 계절은 초여름이에요.

개형충은 '씨조개'라고도 불려요. '조개물벼룩'이라는 이름도 있지만 물벼룩 종류는 아니에요. 크기 같은 겉모습이 비슷할 뿐이지요. 개형충은 조개껍데기를 두른 패충류 동물이에요. 껍데기가 딱딱해서 물고기들도 먹잇감으로 별로 좋아하지 않아요.

청개구리

비를 좋아하나 봐요

물가나 풀숲에 사는 우리 주변의 동물

DATA
몸길이 4cm 정도
특징 발견하기 쉬운 계절은 봄부터 늦가을이에요.

농
촌 변두리에서 살던 나는 스포츠 추천 전형으로 도쿄에 있는 고등학교에 입학했어요. 도쿄에서 생활한 지 한 달 정도 지났을 때였어요. 내 마음은 완전히 도시 사람이었지만, 한편으로는 엄마가 해 주는 튀김이 정말 먹고 싶었어요. 기숙사 생활이나 새로운 친구들 사이에서 지치기도 했고요. 그러던 어느 날, 앞으로 이틀 간은 연습 훈련이 없다는 사실이 떠올랐어요. 짬을 내서 집에 다녀와야겠다 생각했지요.
우리 집은 역에서 걸어서 20분 거리였어요. 집을 떠난 지 겨우 한 달밖에 안 지났지만 추억을 떠올리며 괜히 멀리 돌아가는 논길을 택했어요.
그때 '개굴개굴 개굴개굴' 청개구리 울음소리가 들려왔어요. 전에는 해마다 들려오던 소리라 신경도 안 썼지만, 당시에는 기분 탓이었는지 지친 마음을 다독여 주는 마법의 노래처럼 느껴졌지 뭐예요. 청개구리의 우는 소리를 들으며 '몸집도 작은 주제에 목소리는 우렁차단 말이야……. 그래, 부모님께 걱정을 끼쳐드리면 안 되지. 청개구리처럼 기운차게 집에 가자!' 하고 용기를 낼 수 있었어요. 청개구리의 울음소리는 내게 특효약이었지요. 또 답답한 마음이 들면 청개구리 울음소리를 들으러 엄마 집에 가야겠어요.

몇 마리가 있을까요?

발견하는 방법

논에 물을 댈 때가 절호의 찬스

청개구리를 찾는 방법 중에서는 짝짓기를 할 때 내는 울음소리로 찾는 것이 가장 간단해요. 청개구리는 논에 물을 대는 시기에 알을 낳으러 논에 나타나요. 그때 울음소리를 단서로 삼아 범위를 좁히며 찾아보세요. 낮에는 몸을 숨기고 울지만, 밤에는 대담하게 논두렁길에 나와 울어서 발견하기 쉬워요.
짝짓기 철이 아닐 때는 논이나 물가에서 조금 떨어진 주변 풀숲에 숨어 있어요. 발밑이 아니라 무릎 정도의 눈높이에서 찾으면 좋아요.

청개구리는 비가 올 것 같으면 노래를 부른다고 하지만 꼭 그렇지는 않아요. 비 올 때가 가까워지면 높은 곳에 올라간다는 말도 있지만, 역시 꼭 그렇지도 않지요. 하지만 비는 좋아하는 것 같아요.

일본 장지뱀·다섯줄도마뱀

도마뱀이지만 이름은 장지뱀

물가나 풀숲에 사는 우리 주변의 동물

양지바른 곳에서 발견!!

Found it!

아침에는 해를 쬐면서 체온을 충분히 높여야 해요!

다섯줄도마뱀

도 시의 고등학교에 진학한 뒤 친구들에게 내가 살던 집 마당에 도마뱀이 산다는 이야기를 해 주었어요. 도시에서 나고 자란 친구들은 엄청 놀라며 "집 마당에 도마뱀이 있다니 정말 굉장하다. 장지뱀도 있어? 도마뱀이랑 장지뱀이 어떻게 다른지 모르지만, 정글이 떠올라서 흥미진진해." 그런 반응에 나는 더 놀랐어요. 어렸을 때부터 당연하다는 듯이 마당을 돌아다니던 도마뱀과 장지뱀이 도시 아이들에게는 좀처럼 볼 수 없는 희귀한 동물이었다니 말이에요.

그러던 어느 날, 체험 활동을 위해 산속 호수로 합숙 훈련을 가게 되었어요. 선배들은 "완전 네 세상이겠네!"라며 나를 추켜세웠어요. 내가 자란 동네가 합숙하러 가는 지역과 다른 곳인 줄도 모르면서 말이에요. 그때 모두에게 받았던 질문이 '도마뱀 발견하는 방법'이었어요. 하지만 몇 번을 물어도 난 몰라요. 왜냐하면, 도마뱀이 우리 집 마당에 제 발로 찾아왔으니까요.

일본 시즈오카 현을 경계로 동쪽에서 발견되는 것을 동쪽다섯줄도마뱀, 서쪽에서 발견되는 것은 서쪽다섯줄도마뱀으로 불러요. 분류에 흥미가 없으면 그냥 모두 다섯줄도마뱀이라고 생각해도 상관없어요.

DATA
몸길이 20cm 정도
특징 발견하기 쉬운 계절은 봄부터 가을이에요.

발견하는 방법

아침, 일광욕 시간에

밤에는 나무숲이나 돌담 틈새 같은 곳에 숨어 있어요. 아침이 되면 위험이 닥쳤을 때 즉시 달아날 수 있는 장소를 골라 일광욕을 해요. 해가 뜬 뒤 3시간 정도가 발견할 수 있는 좋은 기회예요. 아침 일광욕으로 몸이 충분히 따뜻해지면 먹이를 찾으러 여기저기 돌아다니기 때문에 낮에 발견할 수 있는 정확한 장소를 말하기는 어려워요.

자주 머무는 곳

좋아하는 장소가 있어요

도마뱀이 매일 나타나는 장소라면 일광욕을 하는 곳이리라 추측할 수 있어요. 기다렸다가 발견하면 재미가 더욱 커진답니다.

언제 볼 수 있을까?

겨울 이외는 아무 때나 볼 수 있어요

벚꽃이 필 무렵부터 가을까지 긴 기간 동안 발견할 수 있어요.

재빨리 도망칠 수 있는 풀숲의 그늘은 마음 놓이는 안전한 장소!

일본장지뱀

Found it!

Found it!

펜스 아래까지는 못 쫓아오겠지롱~

집 주변에 자연스럽게 있었어요!

도마뱀치고는 꼬리가 길어서 언뜻 보면 뱀으로 보여요. 그래서 이름 끝에 뱀이라는 이름이 붙었지요.

DATA
몸길이 20cm 정도
특징 발견하기 쉬운 계절은 봄부터 가을이에요.

먹잇감인 벌레가 날아오기를 기다리고 있어요!

일본도마뱀붙이

도마뱀붙이는 불 켜진 가로등에 있어요!

여치

여치 울음소리는 '찌르르 찌르르'

물가나 풀숲에 사는 우리 주변의 동물

울음소리를 따라가 보니
낮인데도 쉽게 찾았어요!

너무 가까이 다가가면
'툭' 하고 밑으로
떨어지듯이 움직이며
도망쳐요.

Found it!

요즘은 일본의 중서부 지역을 경계로 동쪽에서 발견된 여치는 동쪽여치, 서쪽에서 발견된 여치는 서쪽여치로 구분해요. 평소에는 그냥 여치라고 부르면 돼요.

DATA
몸길이 3.5cm 정도
특징 발견하기 쉬운 계절은 초여름부터 가을이에요.

여름에는 산속 호수에서 합숙 훈련을 했어요! 역시 물가는 여름에도 창밖에서 시원한 밤바람이 불어와서 기분을 좋게 해 줘요. '찌르르 찌르르' 하고 여치 울음소리도 듣기 좋고요. 나와 같은 방에서 지내는 친구는 여치 울음소리를 처음 듣는 모양인지 "뭐가 우는 거야? 조금 무섭지 않아?" 하고 겁을 집어먹었길래, "그거 여치야." 하고 알려 주었어요. 그랬더니 "어라? 여치는 가을에 우는 벌레 아니야? 지금은 한여름이야."라며 의아한 표정을 지었어요. 나는 친구에게 제대로 된 사실을 알려 주었지요. "가을에 우는 벌레는 엄청 많지만, 여치는 여름부터 본격적으로 울어." 그러자 친구가 "이야, 역시 너 동물을 엄청 좋아하는구나. 나 여치 실제로 본 적 없는데 같이 구경하러 갈래? 지금!"이라며 조르지 않겠어요. 나는 여치 구경은 관심 없는데 말이에요…….

찌르르 찌르르
찌르르 찌르르

날개를 비비며 울어요.

잎에 매달려 숨어 있는 모습

자주 머무는 곳

커다란 나뭇잎

잎이 좁고 기다란 볏과 식물보다 거지덩굴이나 계뇨등처럼 잎이 넓은 식물에 자주 앉아 있어요. 커다란 잎을 가진 식물을 중심으로 찾아보세요. 땅바닥과 가까운 곳보다 무릎 높이에서 발견되는 경우가 많아요. 놀라게 하면 '툭' 하고 떨어지는 듯한 모양새로 달아나서 몸을 숨기지요. 도망가면 얼마 동안은 울지 않으니 신중하게 다가가도록 해요.

발견하는 방법

여름부터 가을, 낮이고 밤이고!

여름부터 가을에 걸쳐 밤낮을 가리지 않고 울어요. 해가 잘 드는 강변이나 풀숲에서 울음소리에 귀 기울이며 찾아보세요.

방아깨비

'타타타' 소리를 내면서 날아요

물가나 풀숲에 사는 우리 주변의 동물

타타타……

Found it!

풀무치보다 몸집이 커요. 한국과 일본에서 가장 큰 메뚜깃과 동물이에요!!

수컷 방아깨비는 '타타타' 소리를 내며 날아다녀서 '따닥깨비'라고도 불려요.

강변의 풀에 매달려 있었어요!!

아 침에 선배들보다 일찍 일어나 운동장에 가 보니, 친구가 달리기 연습을 하고 있었어요. 친구는 나를 보자 "저쪽 풀숲에 이런 것도 있었어! 이런 커다란 메뚜기는 처음 보는데, 무슨 메뚜기야?"라며 기다렸다는 듯이 질문을 쏟아 냈어요. 나는 친구에게 "너 메뚜기 잡는 거 되게 잘한다. 나보다 훨씬 동물 좋아하는 거 아니야?" 하고 칭찬을 해 주면서 아침에 잡은 동물은 방아깨비라고 알려 주었어요. 친구는 "아니야, 내가 너보다 동물을 더 좋아할 리가 있겠어." 손사래를 치면서도 신이 난 듯 "우와, 방아깨비라는 동물이구나. 엄청 많이 있던데 찾으러 가 보자! 많이 잡아서 합숙이 끝날 때까지 우리 방에서 키우자!"라는 거예요. 나는 차분히 설명하며 친구를 말려야 했어요. "플르-스틱 상자도 없는데 어떻게 키우니. 빨리 연습 준비하자. 선배들이 금방 나타날 거야. 방아깨비는 이제 놔주자."

DATA
몸길이 수컷 5cm, 암컷 9cm
특징 발견하기 쉬운 계절은 초여름부터 가을이에요.

자주 머무는 곳
볏과 식물
여름낮, 풀숲이나 강가의 볏과 식물에서 발견되는 경우가 많아요.

발견하는 방법
울지 않지만 비행 소리가 개성적!
방아깨비는 울지 않지만 날아다닐 때 '타타타' 소리를 내기 때문에 찾기 쉬워요. 방아깨비가 풀잎 사이에서 '타타타' 소리와 함께 날아올라 착지를 한 뒤, 다음 점프를 할 때까지 잠시 쉬는 시간을 노려보세요. 쉽게 발견할 수 있어요.

풀무치

점프력과 비행 능력이 굉장해서 잡기 힘들어요

> 물가나 풀숲에 사는 우리 주변의 동물

DATA
몸길이 5~7cm 정도
특징 발견하기 쉬운 계절은 여름부터 가을이에요.

강가에서 엄청 많이 발견했어요!!

Found it!

땅 위에서 뿐만 아니라 풀잎을 붙잡고 매달린 상태로 발견되기도 해요.

풀무치는 점프력도 하늘을 날아오르는 힘도 굉장해서 붙잡기 어려워요. 하지만 풀무치가 날아오를 때, 있는 힘을 다해 뒤쫓으면 승산이 있어요. 풀무치가 당황해서 풀잎 위에 허둥지둥 내려앉기 때문이에요. 이때를 노리면 잡기 쉬워요.

점 심 시간은 늘 눈 깜짝할 새 지나가 버려서 아쉬워요……. 오전에 방아깨비를 잡아 온 친구가 이번에는 풀무치를 잡아 왔어요. "우와 너 대단하다. 풀무치를 맨손으로 잡다니!" 하고 나도 모르게 외쳤어요. 친구는 당황해서 "어? 이거 방아깨비 아니야? 풀무치 잡는 게 왜 대단해?"라고 되물었어요. "왜냐하면 엄청나게 빠르고, 경계심이 강해서 금세 낌새를 채고, 재빠르게 도망가 버려서 잡기 어렵거든……." 하고 이유를 설명하자 친구는 "너 완전 동물 척척박사구나! 존경심이 생길 정도야. 집에 돌아가면 또 찾으러 갈 생각인데 발견하는 방법 좀 알려 주라."라며 더욱 자세한 이야기를 물어보았어요. 더 구체적인 것은 잘 모르는데 어쩌지요…….

풀뿌리 근처에서 발견했어요!

보통은 땅 위에 이렇게 멈춰 서 있어요

Found it!

발견하는 방법

숨은 그림 찾기처럼 어려워요

풀무치는 여름낮, 넓은 강가의 땅바닥에 있을 때가 많아요. 숫자도 적고 풀이나 바위와 구별도 어려워요. 주특기인 점프 실력을 뽐내며 도망칠 자신이 있어서인지 꽤 가까이 다가가도 달아나지 않아요. 하지만 우리가 발견하기 전에 날아가 버리는 경우가 많아요. 게다가 울지도 않아서 찾으려면 수고스럽게 이곳저곳을 돌아다녀야 하지요. 날아오르는 모습을 발견하면 어디에 착지할지 눈여겨보고 살금살금 숨죽여 다가가는 수밖에 없어요.

잡기 일보 직전까지 도망가지 않을 때

짝짓기 중인 풀무치는 날기 싫은지, 아슬아슬하게 닿을 정도로 다가가도 도망가지 않아요. 날더라도 멀리 가지 않기 때문에 발견했다면 접근하기 쉬워요.

짝짓기 중인 풀무치는 가까이 다가가기 쉬워요.

들키지 않으면서 다가가기는 쉽지 않아요. 풀무치가 눈치를 챈 상황에서 도망가기 직전까지 그 짧은 순간에 재빨리 다가가는 기술을 익히도록 해요!

장수잠자리

회전하는 것에 이끌려요!

물가나 풀숲에 사는 우리 주변의 동물

산 속 호수에서 합숙한 지 사흘째 되던 날 운동장에 난데없이 커다란 잠자리가 날아들었어요. 모두 처음 보는 커다란 잠자리에 흥분해서 소란을 피웠지요. 친구들은 약속이나 한 듯 내게 저게 무슨 잠자리냐고 물었어요. 고등학생이 되고 나서 완전히 동물을 좋아하는 아이로 유명해진 모양이에요. "장수잠자리 아니야?"라고 대답하자 "우와!" 하는 환호성이 울려 퍼졌어요. 무서운 표정만 짓던 선배들도 동물이 날아들자 왠지 너그러워진 것 같아요. 덕분에 분위기가 화기애애해졌어요. 하지만 나는 동물을 좋아하는 아이로 소문난 것에 지쳐 있었어요. 연습이 끝나면 친구들이 장수잠자리 찾으러 가자고 할 테니까요. 정말 피곤해요······.

Found it!

산기슭의 논에서 발견했어요!!

다 자란 장수잠자리는 선풍기처럼 회전하는 물체의 소리를 이성의 날갯짓 소리로 착각해서 관심을 갖고 다가오는 경우가 있어요.

안정감 있는 횃대에 머물러 쉬어요.

DATA
몸길이 10cm 정도
특징 발견하기 쉬운 계절은 초여름부터 가을이에요.

여름부터 가을에 발견하기 쉬워요

논이나 밭이 많은 농촌 지역에 주로 살고, 여름부터 가을에 날아다니는 모습을 자주 볼 수 있어요.

계속 똑같은 코스로 날아요! 같은 자리에서 기다리면 그 앞을 또 지나가지요!

비행 코스가 정해져 있다?

잠자리는 정해진 코스를 날기 때문에 한 번 본 장소에서 기다리면 또 나타나요. 머무는 장소는 바람에 흔들리는 식물보다는 단단하게 고정된, 가는 대나무 말뚝 같은 곳이에요. 하지만 경계심이 매우 강해서 가까이 다가가기는 힘들어요.

물의 흐름이 완만한 곳에 알을 낳아요.

알 낳는 장면을 볼 수 있을지도!

하천이나 수로처럼 바닥에 모래가 깔린 장소를 골라 알을 낳는데, 몸집이 크고 멋진 잠자리 애벌레(학배기)를 찾아보는 것도 재미있어요. 잠자리 애벌레가 있다면 그곳이 알을 낳는 장소일 가능성이 높기 때문에 기다리면 알 낳는 장면을 볼 수 있을지도 몰라요.

모래땅을 좋아하는 장수잠자리 애벌레예요. 몸집도 크고 얼굴도 무섭게 생겼어요. 양쪽 턱을 좌우로 열어서 작은 물고기를 꽉 붙잡아요.

멋지다! 5cm나 되는 거대한 잠자리 애벌레!

2

공원에 사는 동물

Profile

시로즈 가이토

자연공원에서 해설하는 일을 하고 그 밖에 일본 곳곳을 다니면서 박쥐와 같은 포유류를 조사하고 있답니다. 매일 동굴이나 폐허, 수동(큰 나무의 밑동이 패어 생긴 굴)을 들여다봐요. 박제 등의 표본을 만드는 일도 일상 업무 중 하나예요.

자연공원 직원이라면 이렇게 찾아요!

도심에 자리 잡은 숲이 우거진 공원은 강아지와 산책하는 사람, 걷는 사람, 꽃을 감상하는 사람, 책을 읽는 사람 등 많은 이들의 휴식처이자 다양한 동물들의 오아시스예요. 동물들은 공원의 나무 덕분에 사람들의 시선이나 강렬한 햇빛을 피할 수 있거든요. 동물을 발견하는 방법만 알고 있다면 여러분은 공원에서 놀랄 정도로 많은 동물과 만날 수 있답니다!
계절마다 달라지는 새와 벌레의 울음소리, 틈새에 숨어 있는 박쥐, 밤중에 갑자기 나타나는 날다람쥐, 여름의 장수풍뎅이 등 알면 알수록 상상을 뛰어넘는 동물의 세계가 펼쳐져요.
나는 공원에 놀러 온 사람들과 공원에 사는 동물들이 올바른 지식을 바탕으로 만날 수 있도록 도움을 주고 있어요. 사람들이 매일 자연을 제대로 즐기도록 도와주고 싶은 마음으로 열심히 관찰 활동을 이어 가고 있어요.
누구나 산책하는 기분으로 동물을 찾을 수 있는 방법을 알려 줄게요!

장수풍뎅이·사슴벌레

달콤한 냄새에 이끌려요!

공원에 사는 동물

DATA
- **몸길이** 5cm 정도
- **특징** 발견하기 쉬운 계절은 여름이에요.

장수풍뎅이

Found it!

수액에 모여 있는 장면을 목격했어요!

짝짓기가 끝난 뒤 수컷이 먼저 죽고 암컷은 알을 낳고 얼마 후에 죽어요. 즉, 번식이 목적이 아니라면 수컷과 암컷을 분리해서 키우는 것이 장수풍뎅이와 사슴벌레를 조금이라도 오래 살게 하는 방법이에요.

술 냄새처럼 달콤한 향을 풍겨요.

"장수풍뎅이 잡아 주세요." 모처럼 쉬는 날인데 아들 녀석이 말도 안 되는 때를 부리며 나를 깨웠어요. "잡아 달라고 졸라도 이 주변에 장수풍뎅이 같은 곤충은 이제 없을걸."이라고 말했지만 아들 녀석은 아랑곳하지 않고 말했어요. "하지만 켄타로는 자기 아빠가 공원에서 잡아 준 장수풍뎅이를 학교에 갖고 와서 완전 스타가 되었단 말이에요! 나도 잡아 줘요. 장수풍뎅이 키우고 싶단 말이에요.", "뭐라고! 그 공원에 장수풍뎅이가 있단 말이야?" 나도 어릴 적에는 장수풍뎅이처럼 용감하단 소리를 듣던 남자예요. 아들의 친구 이야기를 들으니 가만히 있을 수 없을 것 같아요……. 결심했어요. 오늘 밤 찾으러 갈 거예요!

발견의 단서

말벌이나 풍이가 있으면 가장 유력한 장소!

해가 떠 있을 때 미리 공원을 조사하면서 수액이 흐르는 상수리나무나 졸참나무를 찾아요. 나무 종류를 한 번에 알아보기는 힘들지만, 공원이라면 나무마다 이름표가 붙어 있는 경우가 많으니 어렵지 않을 거예요. 상수리나무와 졸참나무를 유심히 관찰하다가 말벌이나 풍이가 모여 있는 곳을 발견하면, 그곳이 장수풍뎅이와 사슴벌레를 볼 수 있는 가장 유력한 곳이라고 생각하면 돼요! 해가 지고 몇 시간이 지난 뒤, 혹은 해가 뜨기 전후에 그 장소를 다시 찾아가 보세요.

● 공원에 따라 곤충 채집을 금지하는 곳도 있어요. 미리 확인하고 움직이세요.

발견하는 방법

낮에는 나무뿌리 근처에서 잠을 자요

장수풍뎅이와 사슴벌레가 있을 법한 나무를 찾았다면, 뿌리 근처에 쌓여 있는 낙엽이나 부드러운 흙을 헤쳐 보세요. 쓰러진 나무를 뒤집어 보는 것도 좋아요. 낮에는 그 나무의 뿌리나 주변에 쓰러진 물건 틈새에 숨어 있거나 흙에 파고든 경우가 많으니까요.

사슴벌레는 오래된 가로등에!

사슴벌레를 찾을 때 가장 효과가 좋은 방법은 가로등 순찰이에요. 최근 늘고 있는 LED 가로등에는 별로 모여들지 않으니 예전부터 쓰였던 형광등 가로등을 찾아보세요. 형광등이나 수은등 가로등에는 톱사슴벌레나 사슴벌레가 날아와요.

DATA
몸길이 5cm 정도
특징 발견하기 쉬운 계절은 여름이에요.

Found it!

짝짓기가 끝나면 수컷이 암컷의 위를 덮는 '짝보호'라는 행동을 할 때가 있어요. 암컷이 알을 무사히 낳을 때까지 다른 수컷의 접근을 막기 위해서예요.

톱사슴벌레

《동물을 제대로 잡는 방법》에 등장해서 친숙한

애완동물 전문점을 운영하는 전문가의 추천!

가로등 순위

구석구석 비추는 대형 수은등
1위
사슴벌레든 장수풍뎅이든 나방이든 모두 모여들어요. 도마뱀붙이가 있는 경우도 많아요.

전통적인 형광등 타입
2위
사슴벌레와 장수풍뎅이가 세상에서 제일 사랑하는 것이라고 해도 지나치지 않을 형광등이에요.

LED 전등 타입
3위
요즘 가로등은 대부분 LED지요. 하지만 너무 밝기 때문일까요, 아니면 크기가 작아서일까요? 벌레들이 별로 좋아하지 않는 듯해요.

터널과 가로등의 조합
최강
터널과 가로등의 조합은 사슴벌레나 장수풍뎅이를 발견하기 위한 최고의 장소라는 말도 있어요! 주변에 다른 불빛이 없는 자동판매기도 추천해요!

박쥐

작은일본관박쥐

날개가 아니라 '커다란 손'으로 날아다녀요

공원에 사는 동물

30 대에 나만의 '성'을 꿈꿔 왔던 나는 교외에 있는 작은 집을 샀어요. 이전보다 출근 시간이 4배나 더 걸리지만 지금까지 낸 집세의 절반 가격으로 집을 샀으니 최고의 선택이었어요! 저녁이 되면 앞마당에 새들이 날아오는 점도 마음에 들어요. 그러던 어느 날 "가끔은 마당에서 같이 장기라도 두면서 술이나 마실까?" 하시던 아버지가 맥주를 손에 들고 찾아오셨어요. 오늘은 석양도 아름다워요. 우리 집 자랑거리인 새들도 마당 안으로 날아들기 시작했어요. "아버지 우리 집 괜찮지 않아요?", "네 말이 맞구나. 정말 좋은 곳이야. 이 근처는 아직 박쥐가 날아다니네. 어쩐지 옛날 생각이 난다." 안주를 가져오던 아내는 이 이야기를 듣고 "어! 이거 박쥐였어?"라며 그릇을 든 채로 얼어 버렸고, 딸은 박쥐가 무섭다고 울기 시작했어요. 집 근처에서 돌아다니던 박쥐를 평범한 작은 새라고 생각했던 모양이에요. 아내와 딸이 받은 충격이 어찌나 컸는지 다시 이사 가자는 말이 나올 정도였어요……

하지만 박쥐는 사람에게 해코지하는 동물이 아니에요. 어쩌면 좋지요? 맞아요! 박쥐에 대해 잘 알게 되면 오해가 풀릴 거예요! 박쥐에 대해 속속들이 파헤쳐서 박쥐가 무서운 동물이 아니라는 사실을 가족에게 증명하자고요! 우선 어디에 있는지 찾는 것부터 시작하기로 하고……. 그런데, 박쥐는 어디에 살고 있을까요?

하늘을 날기 위한 날개는 손이 진화한 거예요. 손가락이 길어져서 생긴 커다란 손바닥'으로 날고 있는 것이지요. 평소에는 동굴에서 거꾸로 매달려 생활하지만, 오줌이나 똥을 눌 때는 엉덩이를 아래쪽으로 해서 얼굴에 묻지 않도록 한답니다.

발견하는 방법

밤? 아니오, 정답은 낮의 터널이에요!

박쥐는 야행성 동물로 유명해서 밤에 찾아야 한다고 믿는 사람이 많아요. 하지만 사실, 제대로 발견하려면 낮에 터널이나 동굴을 걸으면서 박쥐 똥을 찾는 것이 가장 좋은 방법이에요. 똥이 많이 떨어져 있는 곳을 발견하면, 그대로 위를 쳐다보세요.

박쥐는 폐터널, 방공호, 폐허처럼 사람이 찾지 않는 곳에 정착해서 살기 때문인지, 별로 좋은 이미지의 동물은 아니지요. 하지만 실제로 사람에게 해를 끼치는 일은 거의 없어요!

땅 위에 똥이 떨어져 있으면 바로 올려다보세요!

낮에는 움직임을 멈추고 가만히 쉬어요.

큰발윗수염박쥐

Found it!

버려진 터널 안에서 발견했어요!

익숙해지면 냄새만으로 박쥐가 있는지 알 수 있어요.

사람의 기척을 느끼면 날아서 조금 이동해요.

눈이 작지만 시력이 없는 것은 아니에요. 하지만 주로 어두운 밤에 비행하기 때문에 초음파를 사용해요. 초음파로 먹잇감인 벌레를 쫓거나 장애물을 피해 다녀요.

직접 만지면 안 돼요!! 나쁜 균이 있기 때문이에요.

DATA
몸길이 5cm 정도
특징 발견하기 쉬운 계절은 여름이에요.

저녁에는 박쥐 탐지기를 사용해요

날아다니는 모습을 보고 어떤 종류인지 알고 싶다면 '박쥐 탐지기'로 울음소리(초음파)를 들어야 해요. 박쥐 탐지기로 파장을 확인했다면 도감을 참고해서 그 파장의 주인공을 찾아봐. 서식지가 알려진 박쥐라면 어떤 종류인지 금세 알 수 있어요. 가장 조사하기 좋은 때는 해가 지고 1시간 정도 지났을 때예요. 박쥐가 벌레를 잡아먹으러 은신처에서 빠져나오는 타이밍이지요.

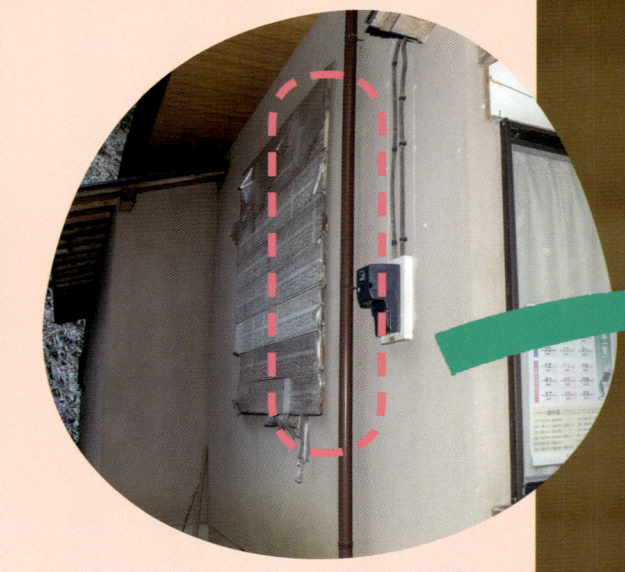

박쥐 탐지기를 사용해 보자고요.

방공호 같은 굴속에서 새끼를 길러요.

큰발윗수염박쥐

한가운데 모여 있는 작고 까만 박쥐가 새끼예요!

곰팡이 냄새 같은 독특한 냄새를 풍겨요······.

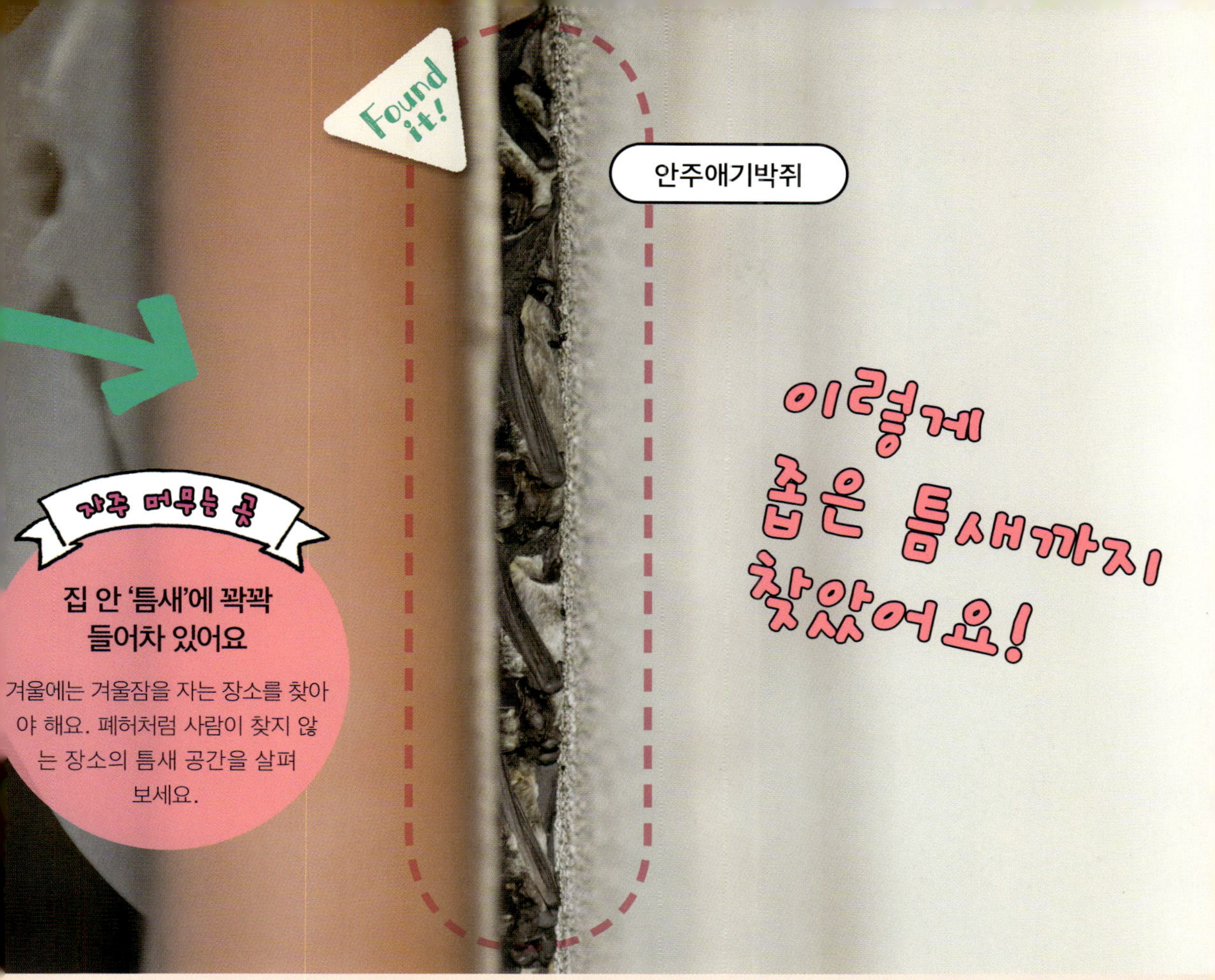

Found it!

안주애기박쥐

이렇게 좁은 틈새까지 찾았어요!

자주 머무는 곳

집 안 '틈새'에 꽉꽉 들어차 있어요

겨울에는 겨울잠을 자는 장소를 찾아야 해요. 폐허처럼 사람이 찾지 않는 장소의 틈새 공간을 살펴보세요.

Found it!

마른 잎에서 쉬고 있었어요!

발견의 단서

마른 잎 속을 살펴봐요!

작은관코박쥐는 가을 낮 시간에, 마른 잎 속에서 잠자고 있는 것을 찾으면 돼요. 칡처럼 잎이 넓고, 잎이 마르면 아래로 드리우는 식물을 찾아보자고요.

작은관코박쥐

날다람쥐

사실은 우리 가까이에 살고 있어요

공원에 사는 동물

발견의 단서

공원 나무에 구멍이 뚫려 있다면……

날다람쥐는 야행성 동물이라서 꼭 발견하겠다고 마음먹어야 찾을 수 있는 동물이에요. 우연히 발견하기는 어려워요. 하지만 잘 알려지지 않은 사실인데, 날다람쥐는 의외로 숲이 있는 공원에서도 살고 있답니다. 날다람쥐가 있다는 것을 알려 주는 대표적인 표시는 바로 나무에 뚫린 구멍이에요. 날다람쥐가 있다면, 곧게 뻗은 삼나무의 높은 곳에 눈에 띄는 구멍이 뚫려 있을 거예요. 그 구멍 주위를 둘러보고 똥이나 먹이를 먹은 흔적이 있는지 찾아보세요.

나무 위쪽에서 둥그런 둥지 구멍을 발견했다면 나무껍질을 비벼 봐요!

여러 가지 흔적

종가시나무 잎

물어뜯은 나뭇가지

동그란 똥

씹은 흔적이 있는 동백나무 꽃봉오리

"이 것 좀 읽어 봐. 우리 동네에서 가까운 숲 공원에 날다람쥐 관찰 모임이 열린대. 같이 가 보면 어때?" 아내가 광고 전단지를 갖고 와서 이야기했어요.
"뭐라고! 지금 날다람쥐라고 했어? '하늘을 나는 방석'을 말하는 거 맞아? 커다란 하늘다람쥐? 애초에 날다람쥐가 일본에 사는 동물이었어?" 나는 모든 사실이 놀라웠어요. 지금까지 내 인생에 한 번도 등장한 일이 없는 동물의 이름이, 그야말로 날다람쥐처럼 우리 집 거실에 날아 들어온 거죠. 심지어 이렇게 가까운 공원에 살고 있었다니. 반드시 가 봐야겠는걸요? 아내는 도시를 좋아해서 교외로 이사를 왔을 때는 조금 반대했었어요. 그런데 박쥐 소동 이후부터는 이곳에서의 생활을 재미있어 하는 것 같아요. 안심이 되네요…….

Found it!

뭐야, 뭐야. 이상한 소리가 들리는데?

높은 곳에서 이쪽을 엿보고 있었어요!

DATA
몸길이 40cm 정도
특징 발견하기 쉬운 계절은 가을부터 초봄까지예요.

어미가 새끼를 방치하거나 잃어버려서 일시적으로 사람 손에 의해 키워진 날다람쥐는, 숲으로 돌아간 뒤에도 사람에게 날아드는 경우가 있다고 해요. 날다람쥐는 나무 타기는 능숙하지만, 나무 기둥을 따라 내려오는 것은 서툴러요. 그래서 나무와 나무 사이의 긴 거리를 날아서 이동하지요. 손과 발, 꼬리 사이에 비막이 발달한 것은 이 때문이네요. 비막을 사용해서 미끄러지듯이 날아서 내려온답니다. 가장 길게는 100m 이상 비행한 기록도 있어요!

발견하는 방법

붉은색 조명을 이용해 가까이 다가가 보세요

해가 지고 30분 정도 지난 뒤에 둥지 밖으로 나오기 때문에, 그 타이밍을 노리는 것이 좋아요. 조명이 강하면 경계하니까 조명 위에 붉은색 필름을 덧씌워서 관찰해 보도록 해요! 공원에서는 상자로 둥지를 설치해 놓은 곳도 많고, 평소에도 날다람쥐의 행동을 지켜본답니다. 관찰 모임에 참여하면 직접 볼 수 있는 확률이 더 높아지겠지요.

밤에 둥지에서 나와 쪼르르 하며 거침없이 나무를 기어 올라가요.

구렁이

공원에도 있어요. 물릴 수 있으니 조심해요!

공원에 사는 동물

DATA
몸길이 180cm 정도
특징 발견하기 쉬운 계절은 초여름부터 가을이에요.

우거진 풀숲의 그늘에서 나타났어요!

Found it!

구렁이는 얌전하다는 설명이 눈에 많이 띄지만, 사람을 무는 일이 꽤 자주 발생해요. 게다가 잡으면 총배설강에서 푸른색의 냄새 나는 액체(정말 고약한 냄새가 나요!)를 발사해요.

그 이상 가까이 다가오지 않는 것이 좋을 거야……

"아빠, 오늘 학교에 뱀이 나타났어요! 이만큼 커다란 놈이었어요!" 아들이 신나서 말했어요. "오, 이런 도시 한가운데 있는 학교에서도 뱀이 나오는구나. 학교 뒤쪽에 닭을 키우는 집이 있어서 그럴지도 몰라." 내가 대답하자 아들은, "우와 뱀이 닭도 잡아먹어요?"라고 말했어요.
"그럼 당연하지. 그 정도로 커다란 뱀은 구렁이 아니면 그 비슷한 종류 아니겠니?" 아들은 금세 학교에 적응해서 매일 여러 가지 사건 사고를 즐거운 듯이 이야기해 줘요. "저는 잘 모르지만 선생님이 '뱀은 독이 있고 달려들어서 물려고 하니까 위험해요.'라고 하셨어요. 선생님은 막대기로 뱀을 움직이지 못하게 누르면서 '이제 놓아줄 거니까 모두 멀리 떨어지세요.' 하고는 뱀을 뒤쪽으로 가지고 가셨어요. 시간이 좀 지나서 엄청나게 숨을 몰아쉬면서 돌아오셨는데, 멀리까지 가서 놓아주고 오셨나 봐요. 선생님 덕분에 아무도 다치지 않았어요."
아마도 선생님은 아무런 죄 없는 뱀을 죽이신 것 같아요. 모든 뱀에 독이 있는 것은 아닌데……. 아들에게 뱀에 대해 더 많은 것을 알려 줘야겠어요. 그래서 다음 일요일에는 함께 뱀을 찾으러 가 보려고요!

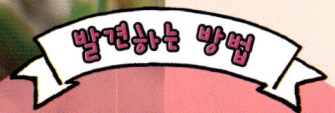

뱀을 싫어하는 사람일수록 뱀 찾기 선수!

뱀을 찾는다면 뱀을 싫어하는 사람과 함께 산길을 걷는 것이 가장 좋은 방법이에요. 뱀을 싫어하는 사람은 그곳에 뱀이 있다는 생각만으로도 공포에 질려서, 보고 싶지 않아 하면서도 필요 이상으로 집중해서 주변을 살피거든요. 갓길까지 빈틈없이 찾고, 작은 움직임에도 민감하다니까요. 하지만 뱀을 발견하고 싶다고 해서 뱀을 끔찍하게 싫어하는 사람을 데리고 가기는 힘들어요……. 그러니 뱀이 아침 일광욕을 하러 나오는 때를 노리자고요! 뱀도 도마뱀과 마찬가지로 아침 햇볕을 쬐고 몸을 따뜻하게 덥히거든요.

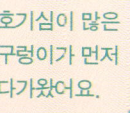

호기심이 많은 구렁이가 먼저 다가왔어요.

나무 위에도 있었어요!

농가의 자재 창고 같은 곳이 최적의 장소!

산과 맞닿은 논이나 숲 공원의 산책로, 폐허, 농가의 자재 창고를 살펴보세요. 햇빛이 잘 드는, 양지바른 곳은 뱀을 발견할 수 있는 최고의 장소예요.

도망치는 소리로 찾아요

뱀은 경계심이 강해서 사람의 기척을 느끼면 일단 재빠르게 달아나요. 그래서 도망치는 소리로도 발견할 수 있답니다. 산길을 걷는데 '바스락!' 하는 짧은 소리가 나면 도마뱀, '바스락~' 하는 소리 뒤에 나뭇잎 비비는 소리가 연이어 들리면 뱀일 가능성이 높아요. 소리가 이동하는 쪽을 눈으로 따라가면 깜짝 놀란 표정을 한 뱀이 있을 거예요.

살모사를 조심하세요!

살모사는 밭의 가장자리나 산길에 똬리를 틀고 몸을 숨기고 있어요. 독이 있어서 자신만만한지 여기저기 찾아다니지 않고 잠복해서 기다렸다가 먹이를 잡고는 해요. 사람과 닿기 직전까지 도망가지 않고 가만히 몸을 숨기고 있기 때문에, 생각지도 못한 때에 마주치는 경우가 많아요. 특별히 조심해야 해요.

오목눈이

동그랗고 귀여운 새!

공원에 사는 동물

"이 것 좀 봐. 오랜만에 회사 동료들이랑 점심을 먹었는데, '교외로 이사 갔지? 좋겠다. 마당에서 오목눈이 같은 새도 볼 수 있어?' 하며 이렇게 귀여운 새 사진집을 선물해 주더라고!"
"오목눈이 말이지. 마당에는 날아오지 않지만, 동네 공원에는 있어. 마크(반려견)랑 산책하고 있으면 매일 아침마다 보거든."
"아, 그 무리를 짓고 있고 '츠츠삐' 하고 우는 새 말이지?"
"아니야. 그건 박새야. 박새에 섞여 있으면서 꼬리가 긴 녀석이 있잖아. 그게 오목눈이야."
"그런 새가 있었나? 이렇게 귀여운 새는 본 적이 없는 것 같은데."
"그러면 직접 보면 더 좋을 거야. 오목눈이는 진짜 귀엽거든! 이번 주 일요일에 도시락 싸서 보러 가자!"

DATA
몸길이 14cm 정도
특징 발견하기 쉬운 계절은 겨울이에요.

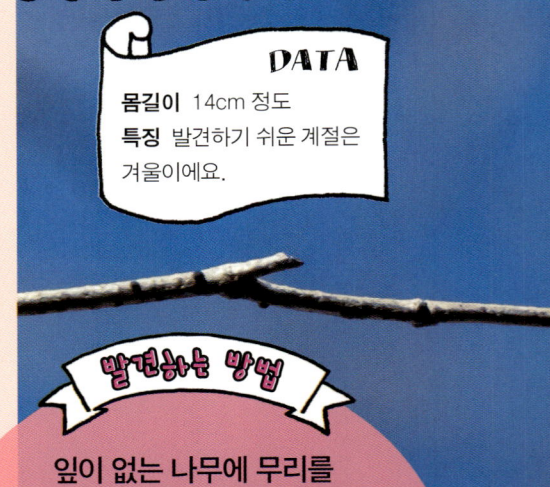

발견하는 방법

잎이 없는 나무에 무리를 지어서 모여 있어요

참새목의 새가 무리 지어 행동하는 가을과 겨울에는 잎이 얼마 남지 않은 나무가 많아요. 그래서 발견하기 쉬워요. 우선 가장 알아채기 쉬운 박새의 울음소리를 따라 새 무리를 찾아요. 새 무리를 발견하면 그다음은 가만히 집중해서 관찰해요. 박새나 곤줄박이가 보이고, 뒤이어 조금 늦은 듯한 시점에 꼬리가 긴 오목눈이가 나타날 거예요. '치리치리치리 주리주리주리……' 하는 울음소리를 내면서요.

무리를 지어 겨울을 나는 새

진박새

박새

56

Found it!

치리치리치리…
주리주리주리…

참새목 새 무리에 섞여서 나타났어요!

동그란 몸집에 꼬리가 길어요.

짝짓기 철에도 무리 지어 지내요. 도우미 역할을 하는 새가 부모 새 대신 새끼에게 먹이를 물어다 주지요. 생김새뿐만 아니라 행동도 예뻐요.

쇠딱따구리

곤줄박이

57

올빼미

울음소리를 흉내 내면 가까이 다가와요~

> 공원에 사는 동물

이유는 모르겠지만 딸은 그림책 속의 올빼미가 몹시 마음에 든 모양이에요. "아빠 올빼미는 '호오호오' 하고 운대요! 정말 귀여워요! 진짜로 이런 소리를 내면서 울어요? 진짜로 이렇게 눈이 클까요? 진짜로 소리도 내지 않고 날아다닐까요? 직접 보고 싶어요. 올빼미……." 조잘조잘 말하는 딸이 너무나 사랑스러워서 올빼미를 꼭 보여 주고 싶어졌어요. 올빼미는 동물원에 있을까요? 하지만 동물원의 올빼미보다 자연 속에 있는 올빼미를 보여 주면 더욱 좋아할 텐데요……. 때마침 아내가, "아 얼마 전에 날다람쥐 보러 갔던 공원에 올빼미도 산다던데."라고 말하는 거예요. 숲 공원에는 정말 온갖 동물이 사나 봐요. 그런데 어떻게 하면 올빼미를 발견할 수 있을까요…….

DATA
몸길이 50cm 정도
특징 발견하기 쉬운 계절은 여름이에요.

올빼미는 조용한 밤에 사냥을 해요. 올빼미의 날개에는 소음 제거 장치가 달려 있어, 먹잇감의 머리 위를 날아도 소리가 거의 나지 않지요. 또 어두운 밤중에 소리에 의지해서 먹이를 찾기 때문에 왼쪽과 오른쪽 귓구멍이 위아래로 조금 어긋나게 달려 있어요.
새의 발가락은 보통 앞쪽에 3개, 뒤쪽에 1개인데 올빼미 종류의 새들은 먹이를 꽉 움켜쥐기 쉽도록 발가락이 앞쪽에 2개, 뒤쪽에 2개 있어요. 물론 발톱도 긴 갈고리 모양으로 자라고요.

> 울음소리를 스마트폰으로 재생하거나 흉내 내면 모습을 나타내요.

발견하는 방법

스마트폰에서 재생되는 '올빼미 울음소리'를 듣고 가까이 다가와요.

올빼미 울음소리를 내면 자기 영역 안에 다른 올빼미가 들어왔다고 생각해요. 그럼 울음소리를 되받아치면서 살펴보러 와요. 스마트폰 같은 기기를 이용해서 올빼미의 울음소리를 틀어 놓으면 가까이 다가오는 경우도 있어요.

● 올빼미는 울음소리로 영역을 형성하기 때문에, 짝짓기 철인 겨울부터 초봄 사이에 울음소리를 들려주는 것은 피하도록 해요.

참매

새매

낮에 볼 수 있는 맹금류는 솔개 말고도 많아요!
하천, 숲 공원, 해변, 도심에서도 다양한 맹금류가 날아다니고 있답니다.
살아가는 환경이나 크기, 날개 모양 같은 특징으로 구별해 보는 것도 재미있어요.
사진 속 맹금류의 특징을 찾아보세요!

물수리

왕새매

너구리

발견 힌트 3가지!

공원에 사는 동물

올빼미 그림책의 유행이 지나가자, 딸은 요즘에 너구리 그림책만 읽어요. 이번에는 너구리를 만나고 싶은가 봐요. 아 정말 귀여워요. 그런 딸에게 살아 있는 너구리를 보여 주고 싶어요! 하지만 너구리를 어디에서 어떻게 찾아야 할지 짐작조차 안 가요.

이번에야말로 동물원에 가서 보여 줘야겠어요. 하지만 그 전에 숲 공원에서 만난 '커다란 인형을 닮은 전문가 형'에게 상담을 하려고요. 그 형이라면 무엇이든 보여 줄 것 같거든요.

Found it!

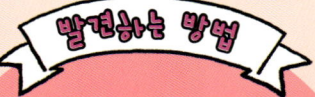

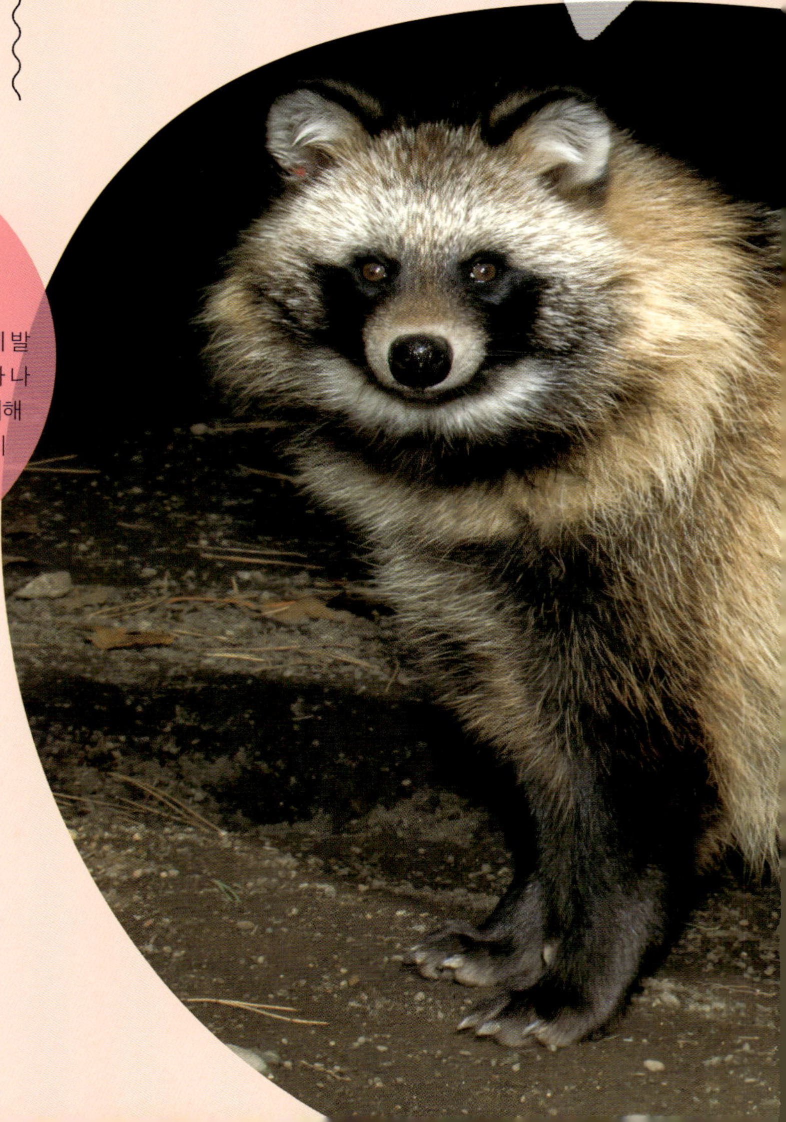

발견하는 방법

밤을 위해서 낮에 미리 표시해 두기

너구리는 야행성이고 매우 겁쟁이라서 낮에 발견하기는 어려워요. 어쩔 수 없이 밤에 찾아 나설 수밖에 없어요. 통행로를 파악하기 위해 낮에 흔적을 찾아 두어야 해요. 그것이 너구리를 가장 빨리 찾는 방법이랍니다.

너구리는 엄청난 겁쟁이라 대낮에 맞닥뜨리면 '기절초풍'이라는 말이 떠오를 정도로 깜짝 놀라요. 그 모습에 상대방도 덩달아 놀랄 정도예요.

DATA

몸길이 60cm 정도

특징 일 년 내내 발견하기 쉬워요.

실제 기록!
센서 카메라는 보았다!!

오소리
특징 길쭉한 코와 넓적한 몸뚱이가 특징이에요. 굴을 잘 파기 위해서 앞발이 탄탄하고, 발톱도 길어요.

2015/11/30 04:56

▼ 도구
센서 카메라

▼ 장치
새의 시체

죽은 새를 발견했다면!

한국에서 담비는 멸종 위기 야생 동물로 지정된 동물이에요. 최근에 무등산에서 발견되기는 했지만 흔하게 볼 수 있는 동물은 아니에요. 반면 일본에서 담비는 산길을 걷다 보면 어쩌다 마주치는 동물이에요. 일부러 찾으려고 하면 경계심이 강해서 생각만큼 잘 발견되지는 않지만, 그래도 숫자가 적지 않기 때문에 공원 바닥에 떨어진 새의 시체에 센서 카메라를 설치해 두면 사진에 찍히는 경우가 있어요.

미국너구리와 오소리도 한밤중의 숲길에서 우연히 마주칠 때가 있지만, 마음먹고 찾으려고 하면 좀처럼 발견하기 어려운 동물이에요. 센서 카메라의 힘을 빌려 보기로 해요.

미국너구리
특징 너구리와 조금 비슷한 생김새를 하고 있지만 하얀 눈썹처럼 보이는 무늬와 뾰족한 귀가 특징이에요. 꼬리는 줄무늬예요.

흰코사향고양이
특징 까맣고 귀여운 생김새의 얼굴과 길고 날씬한 몸, 긴 꼬리가 특징이에요. 얼굴 가운데 있는 코가 하얀 색이라서 일본에서는 '백비심'이라고도 불러요.

일본담비
특징 옅은 황금색의 예쁜 털과 길고 날씬한 몸매가 특징이에요. 계절에 따라서 얼굴색이 달라져요. 여름에는 얼굴이 검어지고, 겨울은 하얘지지요.

일본원숭이

공동묘지나 공원에서 자주 보여요

DATA
몸길이 60cm 정도
특징 일 년 내내 발견하기 쉬워요.

공원에 사는 동물

어느 날 숲 공원에서 원숭이와 우연히 마주쳤어요. 텔레비전 뉴스에서 보던 원숭이의 이미지는 별로 좋지 않았어요. 사람이 들고 있는 물건을 빼앗거나 차에 침입하기도 하고, 자기보다 연약해 보이는 여성과 아이들을 덮치는 위험한 동물이라고 생각했지요. 하지만 내가 만난 원숭이들은 사람을 무서워하는 것처럼 보였어요. 자기들끼리 쑥덕대며 나와 거리를 유지했고, 무리의 대장인 듯한 수컷 원숭이가 이쪽을 경계하고 있는 사이에 암컷 원숭이와 새끼가 순식간에 모습을 감췄어요.

원숭이들의 행동이 너무나 의외였기 때문에 텔레비전에서 보았던 모습이 아닌, 원숭이의 진짜 모습을 확인한 기분이 들었어요. 그 모습을 아이에게도 보여 주고 싶다는 생각에 열심히 찾아보고 있는데, 그 이후에 한 번도 만나지 못했어요…….

발견하는 방법

맞아요, 원숭이는 신출귀몰해요

일본에는 원숭이가 많아요. 하지만 행동 범위가 넓기 때문에 아마추어는 원숭이가 있는 장소를 콕 집어내기 어려워요. 찾으려고 해도 좀처럼 발견되지 않지요. 물론 몇 가지 힌트가 있어요.

Found it!

공원에서 쉽게 발견했어요!!

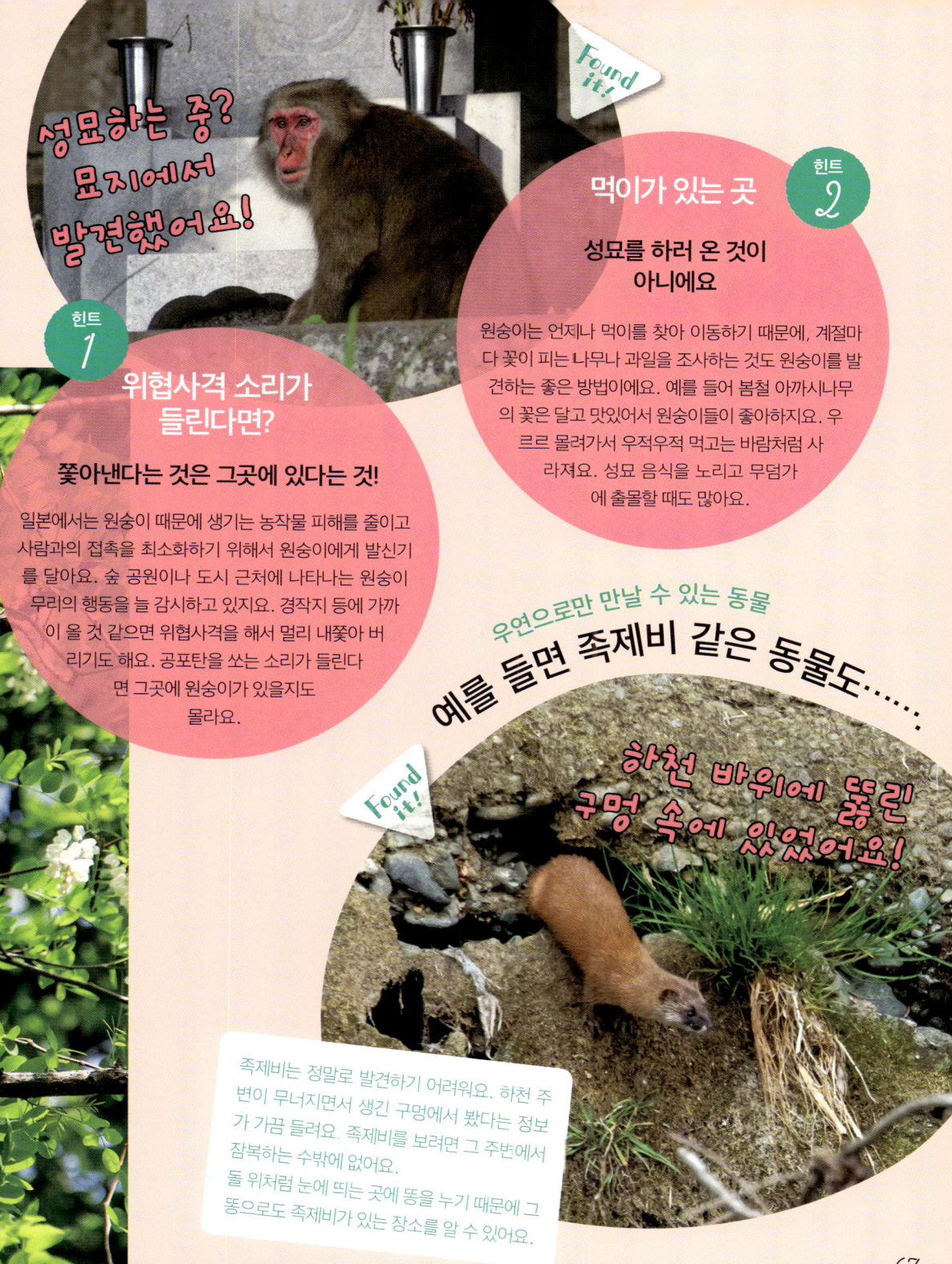

성묘하는 중? 묘지에서 발견했어요!

Found it!

힌트 2
먹이가 있는 곳

성묘를 하러 온 것이 아니에요

원숭이는 언제나 먹이를 찾아 이동하기 때문에, 계절마다 꽃이 피는 나무나 과일을 조사하는 것도 원숭이를 발견하는 좋은 방법이에요. 예를 들어 봄철 아까시나무의 꽃은 달고 맛있어서 원숭이들이 좋아하지요. 우르르 몰려가서 우적우적 먹고는 바람처럼 사라져요. 성묘 음식을 노리고 무덤가에 출몰할 때도 많아요.

힌트 1
위협사격 소리가 들린다면?

쫓아낸다는 것은 그곳에 있다는 것!

일본에서는 원숭이 때문에 생기는 농작물 피해를 줄이고 사람과의 접촉을 최소화하기 위해서 원숭이에게 발신기를 달아요. 숲 공원이나 도시 근처에 나타나는 원숭이 무리의 행동을 늘 감시하고 있지요. 경작지 등에 가까이 올 것 같으면 위협사격을 해서 멀리 내쫓아 버리기도 해요. 공포탄을 쏘는 소리가 들린다면 그곳에 원숭이가 있을지도 몰라요.

우연으로만 만날 수 있는 동물
예를 들면 족제비 같은 동물도……

하천 바위에 뚫린 구멍 속에 있었어요!

Found it!

족제비는 정말로 발견하기 어려워요. 하천 주변이 무너지면서 생긴 구멍에서 봤다는 정보가 가끔 들려요. 족제비를 보려면 그 주변에서 잠복하는 수밖에 없어요.
돌 위처럼 눈에 띄는 곳에 똥을 누기 때문에 그 똥으로도 족제비가 있는 장소를 알 수 있어요.

67

황금새

청아한 울음소리, 아름다운 몸빛!

공원에 사는 동물

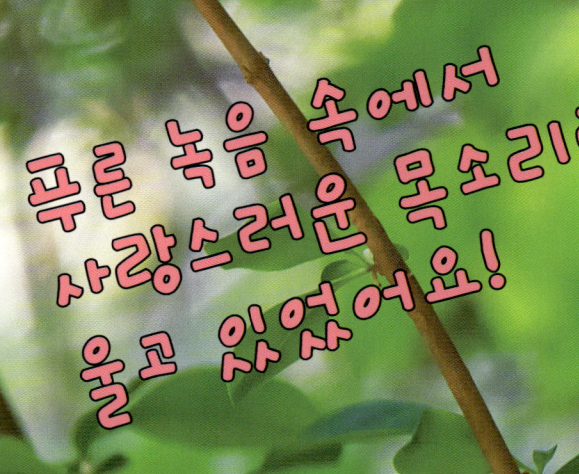

푸른 녹음 속에서 사랑스러운 목소리로 울고 있었어요!

Found it!

참새보다 작아요.

🌳 **숲** 공원이 아주 마음에 들어서 반려견 마크와 함께하는 주말 산책 코스에 공원을 추가했어요. 여름이지만 숲 공원에는 나무 그늘이 많아서 더위를 많이 타는 마크도 굉장히 좋아했어요.
한낮의 땡볕을 피해 이른 아침 공원에서 산책을 할 때였어요. 아름다운 노란 빛깔의 작은 새가 눈앞에서 지저귀고 있는 게 아니겠어요? 이 공원을 다니기 시작한 지 몇 개월이 지났고 그동안 다양한 새를 보았지만, 그 새는 처음 보는 아름다운 새였어요. 집에 있는 가족들에게도 보여 주고 싶다는 생각이 든 것은 당연한 일이었지요. 하지만 이 새와 또 만날 가능성은 굉장히 낮을 것이란 예감이 들었어요. 어떻게 하면 우리 가족에게 이 작고 사랑스럽고 아름다운 새를 보여 줄 수 있을까요…….

계절마다 볼 수 있는 숲속의 철새

- 유리딱새 — 겨울
- 딱새 — 겨울
- 되새 — 겨울
- 큰유리새 — 여름
- 멋쟁이새 — 겨울

언제 볼 수 있을까?

초여름의 나들이 철이 베스트!

황금새는 나그네새로 한국에는 주로 4월 중순부터 5월 초순에 잠시 관찰돼요. 하지만 한국에서는 드물게 지나가기 때문에 발견하기 어려울 수 있어요. 그래도 운이 좋은 날이라면 만날 수도 있으니, 나들이하기 좋은 봄철에 찾아보세요.

발견하는 방법

같은 시간, 같은 장소!

황금새를 발견하는 가장 좋은 방법은 이른 아침에 들려오는 울음소리로 찾는 거예요. 나뭇가지 끝처럼 눈에 띄는 곳에서 지저귀기 때문에 울음소리가 들리기만 하면, 어렵지 않게 발견할 수 있을 거예요. 황금새가 우는 장소를 알게 된 다음에는 그곳을 오가며 몸을 숨겨 보세요. 여러분이 방해가 되지 않는 한 매일 아침 같은 시간 같은 장소에 찾아와서 지저귈 테니까요. 황금새를 볼 기회가 많아질 거예요.

일본에서는 황금새의 경계심이 제일 느슨해지는 5월 무렵에 발견하기 쉬워요.

DATA

몸길이 14cm 정도
특징 발견하기 쉬운 계절은 늦봄에서 초여름이에요.

두꺼비

우람한 몸집! 등에서 독을 뿜어요

공원에 사는 동물

딸 의 다음 목표는 두꺼비래요. 어느 그림책에 조연으로 등장한 두꺼비가 마음에 쏙 든 모양이에요. 지금까지 흥미를 보이기는커녕 두꺼비라는 이름만 들어도 소름이 끼친다던 아내도, 학교와 학원과 게임만 반복하며 다른 일에는 무관심한 게임 마니아 아들도, 업무와 인간관계에 지쳐서 주말에는 집에서 쉬고만 싶었던 나도 예전에는 상상도 못할 만큼 동물을 좋아하게 되었어요. "그럼, 항상 가는 공원에 상담하러 가 볼까? 인형을 닮은 전문가 형이라면 분명 알고 있을 거야."

DATA
몸길이 15cm 정도
특징 발견하기 쉬운 계절은 4월부터 5월이에요.

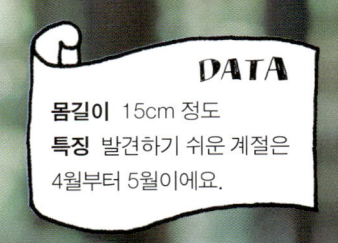

자주 머무는 곳

절이나 공원의 연못

짝짓기 철이 아닐 때는 숲속을 누비며 지내요. 행동반경이 넓기 때문에 발견하기 조금 어려울지도 몰라요. 그래서 짝짓기 철에 찾는 방법이 가장 확실해요. 쉽게 발견하려면 산에 있는 절이나 공원의 연못을 살펴보세요.

겨우 도착했는데, 좀처럼 암컷 두꺼비를 만날 수 없네요······.

산청개구리

달라붙으면 떨어지지 않는 빨판이 대단해요!

공원에 사는 동물

언제 볼 수 있을까?

울음소리가 들리면 살금살금……

짝짓기 철인 5월부터 6월 초에는 낮에도 울기 때문에 밤이든 낮이든 발견하기 쉬워요. 산청개구리는 울음소리가 크고 멀리까지 울려서 울음소리를 따라가면 만날 수 있어요! 조심스레 다가가서 어떤 녀석을 살펴볼지 점찍어 보세요.

Found it!

나무 사이에서 쉬고 있는 산청개구리를 발견했어요!

산청개구리는 붙잡았을 때 손에 달라붙어서 떨어지지 않아요. 가볍게 흔드는 정도로는 떨어지지 않을 만큼 빨판이 세요!

몸 색깔이 나뭇잎과 비슷해서 숲속에 요령 있게 잘 숨어 있어요.

두 꺼비가 보고 싶어서 또 동네 공원의 '인형 닮은 전문가 형'을 찾아갔어요. 그러자 전문가 형은 두꺼비는 평소 숲속에 살고 있고 숫자도 적지 않지만, 짝짓기 철이 아니면 머무는 장소를 정확하게 파악하기 어렵다고 했어요. 무작정 찾는다고 발견할 수 있는 동물이 아닌가 봐요. 전문가 형은 덧붙여서 "다행히 지금은 산청개구리의 짝짓기 철이에요. 찾으러 가 볼래요?"라며 볼 수 있는 곳을 알려 주었어요.

이유는 알 수 없지만 최근에 산청개구리의 세력이 넓어졌대요. 산골의 연못이 있는 공원이나 민박집 등 여기저기에 알을 낳는 모양이에요.

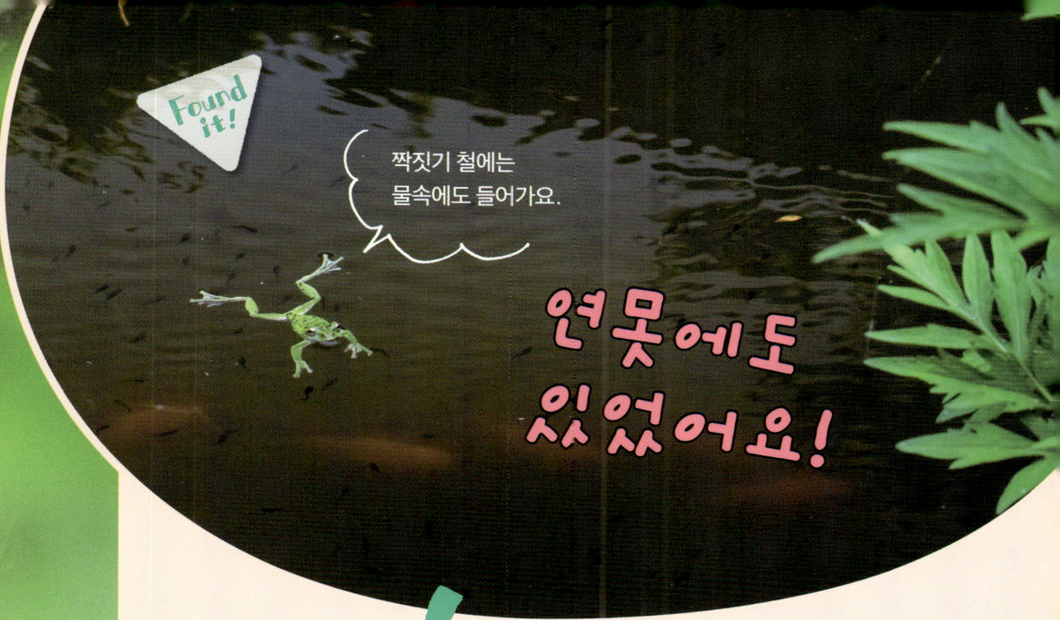

Found it!

짝짓기 철에는 물속에도 들어가요.

연못에도 있었어요!

연못 위로 뻗은 나무에서 알을 낳아요.

발견하는 방법

보글보글한 거품 속에 알 낳는 장면을 보고 싶어요

산청개구리는 가까이 다가가면 울음을 그치는 경우가 많지만 잠시 멈춰서서 기다리면 다시 울기 시작해요. 거리를 서서히 좁히면서 시선보다 조금 높은 나무줄기를 살펴보세요. 알 낳는 장면이 보고 싶으면 해가 진 뒤 시간이 약간 지났을 때를 노리세요. 개구리가 한창 알을 낳는 시기에는 낮에도 낳는 경우가 있어요!

타이밍을 가늠하기 어려워요.

 DATA
몸길이 7cm 정도
특징 발견하기 쉬운 계절은 5월부터 6월이에요.

동물을 찾아 떠나는 모험!
발 닿는 대로 떠나는
해외여행!

- 하와이
- 파푸아 뉴기니
- 보르네오섬
- 오스트레일리아

독화살개구리

독화살개구리와 **잭슨카멜레온**의
귀화 사실을 확인하는 여행

하와이

아주 운 좋게 찾았어요!

미국 하와이주에 독화살개구리와 잭슨카멜레온이 귀화했다는 소문을 듣고, 꼭 찾고 싶다는 충동에 휩싸였어요. 아무런 단서도 없이 하와이주의 오아후섬으로 날아갔지요.
렌터카 사장님과 관광 안내소에 물어보았는데, '주택가에서 산다고 하더라'는 정도의 정보밖에 얻지 못했어요. 아쉬움을 뒤로 하고 호놀룰루 동물원에 놀러갔어요⋯⋯.
모처럼 찾아왔으니 동물원을 취재해 보자는 생각으로 관계자에게 인사를 하러 갔더니, 마음씨 좋게 취재를 허락해 주셨어요. 혹시나 하는 마음에 독화살개구리와 잭슨카멜레온 이야기를 꺼냈는데, "독화살개구리는 동물원 원장님네 집 마당에 있으니 놀러가 보세요."라고 하는 것이 아니겠어요. 나는 운 좋게 독화살개구리를 발견할 수 있었어요. 그뿐만 아니라 돌아가는 길에 숲길을 걸어 보라는 조언을 따랐더니 카멜레온도 발견했지 뭐예요. 될 대로 되라 작전, 만세!

발견의 핵심은 바로 냄새!

> 안경원숭이를 찾기 위한 정글 여행

안경원숭이

보르네오섬

이왕 보르네오의 정글에 왔으니 안경원숭이가 보고 싶다고 가이드에게 부탁해 보았어요. 하지만 가이드는 "오랑우탄이라면 쉽게 보여 줄 수 있지만, 안경원숭이는 어려울 것 같아요……."라고 정중하게 거절을 했어요. "혼자서라도 찾으러 갈 테니, 발견 방법을 알려 주세요."라며 다시 한 번 부탁하자, 밤에 나만 혼자서 정글을 걷게 할 수는 없다면서 어쩔 수 없다는 듯이 그 숙소의 숙련된 가이드를 소개해 줬어요.

새로운 가이드는 안경원숭이가 출몰하는 포인트를 어느 정도 짚어 줄 수 있는 듯했어요. 하지만 깊은 숲속까지 탐색하기는 너무 힘들어서, 숙련된 가이드도 오감을 집중하지 않으면 발견하기 어렵다고 했어요.

발견의 핵심은 바로 냄새였어요. 안경원숭이의 냄새를 분별하고, 바람 방향 등을 토대로 머무는 장소를 좁혀 가는 것이지요. 그렇게 했더니 순식간에 안경원숭이를 발견했어요! 놀랄 정도의 속도와 정확함이었어요. 가이드는 "다양한 곳에서 취재하러 오지만, 모두 내가 잡아서 촬영 장소 주변에 풀어놓았어요. 이렇게 밤중까지 함께 찾고 현장에서 사진을 찍은 사람은 당신이 처음이에요."라면서 기뻐했어요.

전문가다운 모습이란 바로 이런 거죠.

잭슨카멜레온

푸른혀도마뱀과 서부푸른혀도마뱀을 찾다가 사막에서 바짝 말라 버린 여행

오스트레일리아
피너클스

• 피너클스

푸른혀도마뱀

서부푸른혀도마뱀

물이 없으면 죽을 수도 있다고요!

푸른혀도마뱀과 서부푸른혀도마뱀을 찾고 싶어서 미리 조사도 하지 않은 채 무계획으로 오스트레일리아에 왔어요. 우선 호텔 로비나 렌터카 회사에 사진을 보여 주는 식으로 탐문 조사를 펼쳤지요. 그러자 렌터카 직원이 "피너클스에 있는 동물 아닐까요?"라며 단번에 장소를 알려 주었어요. 나는 장거리용 차인 랜드크루저를 빌리고 지도를 들고 즉시 피너클스로 향했지요. 조금이라도 만날 기회를 늘리고 싶어서 큰 도로가 아니라 험한 길로 달리며 멀리 돌아가는 경로를 선택했어요. 길의 입구에서 경로가 대략적으로 그려진 지도를 샀어요. 가게 주인은 "장거리 여행이면 물이 필요해요."라고 귀띔해 주었어요. 하지만 나는 마음이 급해서 그대로 출발했어요. 모래 지역의 가파른 언덕을 오르내리며 험한 길을 무릅쓰고 달렸는데, 결국 길을 잃고 사막 지대에 갇혀 버리고 말았어요.

반나절이나 사막에서 탈출하지 못해 바짝 말라비틀어지던 때, 개조된 픽업트럭이 다가왔어요. 이 기회를 놓칠 수 없었지요! 필사적으로 손을 흔들면서 길을 물어보려고 멈춰 세웠더니, 트럭 운전사는 "저리 비켜, 일본인!!!" 하고 험악한 모습을 보이고는 가 버렸어요. 나는 화가 나서 "잡히기만 해 봐라!"를 외치며 필사적으로 그 차를 쫓아갔어요. 나름대로 운전에 자신 있었지만 일반 차량으로 사막을 달리는 것은 정말 힘들었어요. 더구나 개조된 차를 따라가기란 더욱 무리였지요……. 결국 포기했을 때 눈앞에 여러 그루의 나무 화석이 나타났어요. 아! 사막의 미로에서 탈출했구나! 그 순간 내 차 앞에 갑자기 나타난 서부푸른혀도마뱀과 푸른혀도마뱀! 미로에서 탈출도 하고, 도마뱀들도 만나고, 이 정도면 결과는 대성공이라고 할 수 있지 않을까요.

오색앵무

이런 공원에서?
아름다운 앵무를 만날 수 있다고?! 여행

하루에 1600km나 달리는 길고도 힘겨운 동물 찾기 여행을 하고 있자니, 조금씩 스트레스가 쌓였어요. 결국 함께 여행하는 친구와 작은 말다툼을 했어요. 채소 섭취가 부족해서 생긴 구내염도 한몫 거들어서 별일 아닌 일에도 부글부글 화가 끓어올랐지요.
그날 아침도 사소한 일이 불씨가 되어 말다툼으로 번져서, 머리를 식혀야겠다고 생각하며 방을 뛰쳐나왔어요…….
이른 아침의 공원은 기분을 좋게 만들어요! 하지만 인기척이 없으니 조금 불안해졌어요. 주변을 살피다 커다란 나무를 올려다보았는데, 이런 교외의 숲에서 그토록 찾아 헤맸던 오색앵무 한 쌍이 털을 고르고 있었어요!
동물과의 만남은 이런 것인가 봐요. 아! 붉은관유황앵무도 있었어요!

오스트레일리아
퍼스

퍼스

근처 공원에서 쉽게 볼 수 있었어요!

붉은관유황앵무

쿠아카왈라비

로트네스트섬만의 고유한 푸른혀도마뱀이 있다는 이야기를 듣고, 작은 비행기에 몸을 실었어요! 작은 로트네스트섬의 이동 수단은 자전거뿐이에요. 나는 무거운 기계와 도구를 자전거에 싣고 맹렬한 더위의 로트네스트섬을 달렸어요. 우선 무엇이 굉장했냐면, 파리가 엄청났어요……. 땀이 흐르는 이마에 파리가 찰싹 달라붙었어요! 달리는 중에 입을 열면 파리가 몇 마리나 입안으로 날아 들어왔고요. 그리고 기대했던 푸른혀도마뱀은 발견할 수 없었어요……. 고로움밖에 없던 로트네스트섬 여행에서 위로가 되어 준 것은 이따금 나타나는 쿠아카왈라비였어요. 귀여워서 일단 사진을 찍어 두었어요. 십수 년이 지난 지금, 이 사진을 사용할 기회가 오다니 정말 신기해요.

파푸아 뉴기니

오브롱가뱀목거북
희귀함 빵점인 여행

오스트레일리아
올버니

오스트레일리아의 어느 지역에 환상의 뱀목거북이 있다는 소문을 듣고 직접 가 보기로 했어요.
현지에서 다짜고짜 정보를 모으면서 그 거북이 있을 만한 곳을 좁혀 나갔어요. 올버니는 바다에 가까운 지역인 데다 하천이나 연못도 눈에 띄지 않아서 담수거북이 있을 만한 장소를 알 수 없었어요. 계속되는 운전과 피시 앤 칩스와 미트 파이에 질려 잠시 기분 전환을 하려고 들른 공원 한가운데에서 거대한 연못을 발견했어요. 그런데 연못을 살펴보니 거북 표식이 있지 않겠어요! 뱀목거북의 종류는 여러 가지라서 오브롱가뱀목거북이라고 확신할 수는 없었지만, 연못 주변을 산책해 보았더니…… 의외로 너무나 흔하게 돌아다니고 있었어요!

오브롱가뱀목거북

파푸아 뉴기니

왕청개구리

선명한 초록색이 예뻐요!

자이언트청개구리만 발견한
파푸아 뉴기니 여행

마음먹고 파푸아 뉴기니까지 동물을 찾으러 왔는데, 한 마리도 발견하지 못했어요.
"이제 아무거나 좋으니까 동물, 아니 개구리가 보고 싶어요."라고 현지인들에게 털어놓았어요. 하지만 현지인들은 "해가 지면 도둑이 나타나니 드라이브는 하지 마세요."라며 말렸어요. 결국 밖으로 한 걸음도 나설 수 없었어요. '마체테'라는 칼을 지닌 경비 아저씨가 숙소 주변을 계속 순찰했거든요.
'그래. 경비 아저씨에게 부탁해 보자!'는 생각으로 할 수 있는 보디랭귀지를 총동원해서 "개구리 없을까요?"라고 물어보았어요. 그러자 아저씨는 몇 분 만에 자이언트청개구리를 찾아주셨어요. 역시 현지인의 눈은 대단하네요.

3

물가에 사는 동물

Profile
스기모토 미키

도바 수족관의 학예 연구원. 어린 시절부터 물에 사는 동물에 관심이 많아서 도바 수족관에 취직하게 되었어요. 가까운 해변부터 먼 해외까지 다양한 곳에서 진행된 동물 생태 조사에 여러 번 참가했고, 관찰 모임 등에서 많은 사람에게 동물들의 신비한 생태를 소개하고 있어요.

도바 수족관 직원은 이렇게 찾아요!

수족관에서는 세계 각지의 다양한 동물을 사육하거나 전시하는데, 전시 동물 중 일부는 우리가 직접 항구나 물가에서 채집해 온 동물이에요. 계절마다 볼 수 있는 동물을 실시간으로 관람객에게 보여 주기 위해서는 사육 기술과 대등한 수준으로 동물을 발견하는 눈도 갖추어야 한답니다. 또 수족관은 전시 동물에 대한 설명뿐만 아니라 환경 교육을 하기도 해요. 물가에 사는 동물에 대한 생물 교실을 열어서 동물이 사는 환경이나 재미있는 생태를 보여 주는 일도 하고 있어요. 내가 태어나고 자란 고향 바다에 얼마나 많은 동물이 살고 있는지 제대로 알리기 위해서지요.

또 환경을 소중히 해야 하는 중요한 이유를 전달하기 위해서이기도 해요. 무엇보다도 고향의 바다와 그곳에 사는 동물에 대한 이야기를 여러분에게 들려주고 싶어요.

해파리

비닐봉지 같은 생김새?

> 물가에 사는 동물

나는 해파리를 좋아해요. 수족관에 가면 해파리 앞을 떠나질 않아서 매번 함께 놀러 간 여자 친구에게 싫은 소리를 듣고는 하지요. 하지만 정말로 나는 해파리만 보고 싶은걸요……. 언젠가 직접 키워 보고 싶다는 생각도 하고 있어요. 그런데 대체 어떻게 해파리를 손에 넣을 수 있을까요? 해파리를 찾는 방법은 도감에 실려 있지 않았거든요……. 그런 생각을 하며 둥둥 떠다니는 해파리를 바라보고 있는데, 마침 먹이 담당 사육사가 해파리를 들고 왔어요. 용기를 내서 "해파리는 어디서 파나요?"라고 물어보았더니, "아~ 이 해파리는 방금 요 앞에서 건져 왔어요."라는 생각지도 못한 대답이 돌아왔어요.

어라? 어, 어, 어떻게 발견할 수 있는 건가요!

> 비닐봉지가 아니에요. 보름달물해파리예요.

> 물 위에서 지켜보고 있다가 가까이 다가오면 국자로 건져요.

발견하는 방법

비닐봉지인가!

계절에 따라 발견할 수 있는 해파리가 달라요. 해파리는 헤엄치는 힘이 약하기 때문에 항구나 물가에 둥실둥실 떠 있거나, 해류를 타고 제방 가까운 곳까지 와요. 긴장하지 말고 멍하게 수면을 지켜보세요. "어? 저거 비닐봉지인가?"라고 생각되는 것이 눈에 띄면 집중해서 살펴보세요. 아마 보름달물해파리일 거예요.

> 해파리의 우산 부분에 공기가 들어가지 않도록 물까지 함께 건져야 해요.

언제 볼 수 있을까?

수영을 하다가도 만나요

해수욕장에도 해파리가 있어요. 라스톤입방해파리처럼 강한 독을 가진 해파리도 있으니 조심해야 해요. 쏘이면 아파요.

태평양원양해파리

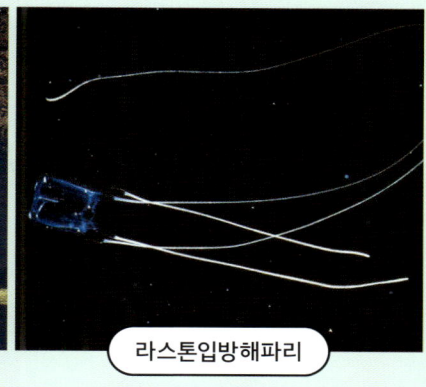
라스톤입방해파리

둥둥 떠다니는 해파리를 발견했어요!

Found it!

보름달물해파리

DATA
- **몸길이** 10~20cm 정도
- **특징** 발견하기 쉬운 계절은 봄부터 여름이에요.

다 자란 해파리가 해변에서 자주 발견되는 시기는 여름 무렵이에요. 그래서 해파리는 여름과 관련된 동물이라는 이미지가 강해요. 하지만 실제로는 일 년 내내 바닷속에 있어요.

해마

의외로 미남?

물가에 사는 동물

자주 머무는 곳

긴 꼬리로 해초를 붙잡고 있어요

해마는 긴 꼬리로 해초나 잘피를 붙잡고 살아요. 흔들리는 해초 속에 몸을 숨기고 있으니, 바닷가 근처의 거머리말 군락을 잘 찾아보세요. 썰물 때는 수면에서 거머리말이 보이기 때문에 거머리말 군락의 위치를 확인하기 쉬워요. 더 얕아지면 동물을 찾기도 쉬워서 물때표를 보면서 썰물 시간을 조사하면 도움이 되지요. 바닷물이 크게 들어오고 나가는 한사리 때를 목표로 움직이세요.

말이랑 닮았나요?

Found it!

거머리말을 붙잡고 있는 장면을 발견했어요!

"**해**마가 물고기래! 양서류랑 비슷한 동물인 줄 알았어." 엉뚱한 이야기를 하는 여자 친구가 너무 예뻐 보여서 나는 동물 박사라도 된 기분으로 해마의 정보를 술술 늘어놓았어요. 그러자 "와 재미있다! 그러면 해마는 바다에서 어떻게 살아? 어떻게 찾을 수 있어? 어떻게 수족관에 가져오지?"라고 질문을 쏟아냈어요. 어쩌지……. 어떻게 찾아야 하는지는 모르는데 말이에요. 해마에 대해서 다시 공부해야 할 것 같아요.

물살에 휩쓸려 가지 않도록 꼬리로 붙잡고 있어요.

발견하는 방법

가만히 바라보는 수밖에 없나요?

해마가 거머리말 군락 속 어디에 있는지 알 수 없으니 빈틈없이 찾을 수밖에 없어요. 다만 눈으로 보는 것은 한계가 있어요. 촘촘한 망으로 조심스럽게 거머리말의 사이를 떠 보는 방법을 추천해요.

특이한 외모를 가진 해마는 무슨 동물과 친척일까요? 새우? 벌레? 영원? 사실은 물고기의 사촌이에요.

DATA

몸길이 8cm 정도
특징 발견하기 쉬운 계절은 봄부터 여름이에요.

실고기·풀해마

너무 가늘어서 못 보고 지나칠 것 같아요!

물가에 사는 동물

"이 가느다란 동물도 물고기래! 나는 새우인 줄 알았어. 아, 그런데 실고기라고 이름에 '고기'가 붙어 있네." 뚱딴지 같은 이야기를 조잘대는 여자 친구가 귀여워서, 나는 또 아는 체를 하고 말았어요. 신이 나서 도감에서 찾은 정보를 풀어놓았지요. 그러자 "우와 역시 잘 알고 있구나! 있잖아, 나 풀해마 직접 찾아보고 싶어! 지금 당장 찾으러 바다에 가자."라고 말하는 여자친구. 앗, 발견 방법은 도감에는 나와 있지 않은데 어쩌지요……. 사육사 아저씨에게 물어봐야겠어요.

이렇게 가늘어요!

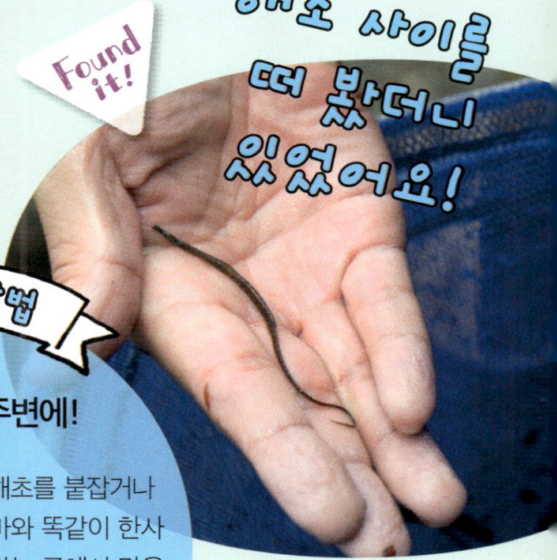

Found it!

해초 사이를 떠 봤더니 있었어요!

발견하는 방법

역시 거머리말 주변에!

해마와 마찬가지로 꼬리로 해초를 붙잡거나 해초 사이에서 생활해요. 하마와 똑같이 한사리날 썰물 때 거머리말이 자라는 곳에서 망을 사용해 찾아보세요. 망 안에 들어와도 몸이 너무 가늘어서 놓칠 수도 있으니, 한 번씩 뜰 때마다 망 안을 세심하게 살펴봐야 해요.

DATA
몸길이 실고기 13cm 정도
풀해마 25cm 정도
특징 발견하기 쉬운 계절은 봄부터 가을이에요.

해마와 마찬가지로 암컷이 수컷의 육아낭(아기 주머니)에 알을 낳고, 수컷이 출산해요!

가느다랗고 길쭉한 입과 반짝반짝한 눈이 귀여워요.

거머리말 군락에서 이런 동물도 발견할 수 있어요!

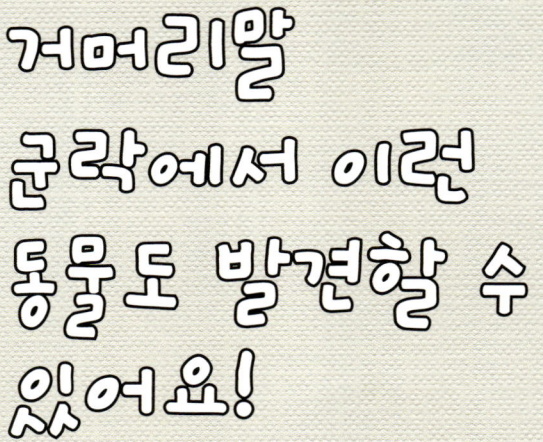

해안에서 가까운 곳, 햇빛이 잘 드는 곳의 거머리말 군락은 다양한 동물들의 은신처랍니다. 두 개의 망으로 수초 사이를 떠 보면 여러 동물을 발견할 수 있어요.

혹등좁은뿔꼬마새우

해초와 몸 색깔이 같아서 해초를 붙잡고 있으면 전혀 알아볼 수 없어요.

문어

일단 머리가 좋아요!

> 물가에 사는 동물

수족관 전시 수조뿐만 아니라, 체험 공간(만질 수 있는 곳)에도 문어가 많이 있었어요. "시장에서 문어 초절임 같은 반찬을 항상 팔고 있으니까, 근처 바다에도 많지 않을까?"라고 또 조금 엉뚱한 발언을 하면서, 입을 뾰족하게 내밀고 문어 흉내를 내는 여자 친구가 오늘도 너무 사랑스러워요. "문어라면 내게 맡겨! 왜냐하면 어렸을 때 바다에서 잡은 적도 있으니까!" 나는 또 조사 대장이 된 기분으로 문어에 대해 설명했어요! "우와~ 진짜야? 그럼 직접 바다에 가서 찾아보자!", "좋은 생각이네. 그럼 사육사 아저씨한테 발견하는 방법을 물어보고 올게."

언제 볼 수 있을까?

물웅덩이가 생기는 썰물 때!

문어는 해안가 웅덩이 같은 곳에서 의외로 쉽게 발견돼요. 하지만 밀물 때는 바다에 들어가는 것조차 곤란해요. 즉흥적으로 행동하지 말고 물웅덩이가 생기는 썰물이 언제인지 조사한 뒤에 바닷가로 향하는 것이 좋아요.

발견하는 방법

머리가 좋은 숨바꼭질 선수

문어는 숨바꼭질을 잘해요. 바위틈에 숨어 해초가 달라붙은 바위와 똑같이 보이도록 흉내를 내지요. 그 모습에 익숙하지 않으면 눈으로 보면서 찾는 것은 어려워요. 하지만 부자연스럽게 열린 조개가 떨어져 있거나 바위에서 조금이라도 어색함이 느껴지면 그곳을 자세히 살펴보세요.

발견하는 단서

부자연스러운 파도가 보이면……

문어의 오돌토돌한 빨판이 살짝 보이거나, 수관에서 내뿜는 물 때문에 수면에 부자연스러운 파도가 생기면 문어가 숨어 있다는 것을 알 수 있어요.

> 빨판은 항상 허물을 벗은 깨끗한 상태라서 흡착력이 약해지지 않아요!

왜문어와 참문어를 식재료로 사용하려면 여름과 겨울이 제철이에요. 삶거나 튀겨도 좋지만, 토마토와 같이 푹 끓여 먹는 것도 정말 맛있어요.

그 밖에 물웅덩이에 사는 동물을 발견하는 방법

바위를 뒤집으면 있는 동물

바다에 딱 달라붙어서 뗄 수 없어 보이는 바위는 무리해서 뒤집어도 그 속에 동물이 별로 없어요. 아래에 손이 들어갈 정도의 틈이 있는 바위를 노려야 해요!

해삼

그물베도라치

별불가사리

뱀거미불가사리

썰물로 물보라가 생길 정도의 해안가에 있는 동물

밀물 때는 물속을, 썰물 때에는 물보라가 조금 이는 장소를 찾아요. 물가에서는 말미잘이 잘 보이고, 바싹 마른 정도의 위쪽에서는 따개비 같은 동물을 볼 수 있어요.

거북손

해변말미잘

따개비

누덕옷게

그물무늬투명갯민숭달팽이

긴가시성게

가시투성어리게

팔손이불가사리

말똥성게

해조류가 무성한 장소에 있는 동물

이런 장소에는 태평줄새우나 군소 같은 동물이 숨어 있어요. 해조류에 가려 그늘이 지는 바위 지역에는 갯민숭달팽이 종류도 많이 볼 수 있어요.

군소

태평줄새우

큰도롱이갯민숭이

검정갯민숭달팽이

파랑갯민숭달팽이

초록갯민숭달팽이

점점갯민숭달팽이

흰갯민숭달팽이

청룡하늘소갯민숭이

물이 빠진 뒤 물웅덩이에 있는 동물

이곳에는 다양한 물고기가 남아 있어서 재밌어요. 발견 방법은 가능한 가만히 있으면서 그저 수면을 응시하는 것뿐. 시간이 조금 지나면 동물들이 움직이기 시작해서 금방 찾을 수 있어요.

미역치

복섬

범돔

까치상어

쏠종개

벵에돔

노랑거북복

고생놀래기

쥐치

파랑돔

청복

일곱동갈망둑

게

바다 가까운 숲에 뚫린 구멍이 둥지!

물가에 사는 동물

게는 로봇같이 생겨서 더 멋져요. 하지만 해안가에서 찾아도 3cm 정도의 작은 게밖에 없었어요. 크고 빨간 게라든지, 한쪽 집게발이 엄청나게 큰, 텔레비전에서 보았던 게는 발견할 수 없는 걸까요?

발견하는 방법

붉은발말똥게와 도둑게 굴의 특징

바다와 가까운 숲에 구멍이 뚫려 있다면 그곳은 게의 굴일 거예요. 낮에는 숨어 있는 경우도 많기 때문에 밤에 가 보세요. 여름 한사리의 밀물 때에는 낮이어도 굴에서 나오는 경우가 제법 있어요.

붉은발말똥게와 도둑게는 숲에 구멍을 파고 살아요. 붉은발말똥게는 바다와 가까운 축축한 곳을 좋아해요. 붉은발말똥게와 비슷하게 생긴 도둑게는 물가에서 떨어진 장소에서도 볼 수 있어요.

Found it!

이리오모테섬의 축축한 숲길에서 발견했어요!

게는 여름 짝짓기 철을 맞이하면 큰 무리를 지어서 도로를 건너는 일도 있어요. 일본 난세이 제도에서는 게들을 치지 않고 도로를 달리는 것이 쉽지 않아요.

붉은발말똥게

DATA
몸길이 3.5cm 정도
특징 발견하기 쉬운 계절은 여름이에요.

발견하는 방법

꽃발게나 엽낭게라면 남서쪽의 섬으로 가세요!

꽃발게를 제대로 발견하고 싶다면 난세이 제도로 가는 것이 확실한 방법이에요. 난세이 제도에서 맹그로브 숲 같은 갯벌에 가면, 꽃발게가 발을 휘휙 흔드는 모습을 볼 수 있어요. 경계심이 강하고, 가까이 다가가면 굴속으로 재빨리 도망가기 때문에 발견하면 일단 눈으로 볼 수 있는 거리까지 살금살금 다가가세요. 그런 다음, 자리 잡고 앉아서 나오기를 기다리세요!

한쪽 집게발이 커요. 큰 집게발을 휘휙 휘두르며 구애하는 것으로 알려져 있어요. 암컷의 양 집게발은 대칭이고, 수컷의 한쪽 집게발은 암컷과 같지만 다른 한쪽은 대단히 커요.

Found it!

맹그로브 숲에 있었어요!

히메농게

DATA
몸길이 3cm 정도
특징 발견하기 쉬운 계절은 여름이에요.

엽낭게 종류는 모래 속의 유기물을 먹고, 남은 모래는 뭉쳐서 버려요.

Found it!

작은 구멍 속에 있었어요!

병정게

발견하는 방법

엽낭게를 발견하는 단서는 모래 경단!

엽낭게는 경단 모양으로 뭉쳐진 모래를 단서로 찾아서 접근하고, 꽃발게와 마찬가지로 털썩 주저앉아서 굴에서 나오기를 가만히 기다려요. 난세이 제도의 병정게도 귀여워요.

DATA
몸길이 1.5cm 정도
특징 발견하기 쉬운 계절은 여름이에요.

게지만 옆으로 걷지 않고 거의 앞으로 걸어요!

일본 난세이 제도에 사는 동물

Profile
기모토 유나

아마미의 자연 보호관. 동물이 있을 만한 분위기, 소리, 움직임, 냄새 등의 단서를 따라 가까이 사는 동물을 찾아 다녀요. 아주 작은 기척도 놓치지 않는답니다!

자연 보호관은 이렇게 찾아요!

자연 보호관은 자연 해설이나 희귀 동물 조사 연구 및 보호 대책 세우기 등 자연 속 현장에서 진행되는 여러 작업을 하는 사람이에요. 매일 도시와 산속, 숲길, 개울가, 해안 등 다양한 장소에서 동물을 발견하고 있지요. 나는 동물과 만나는 것이 즐거워서 쉬는 날도 마다하지 않고 동물을 찾으러 다닐 정도랍니다. 동물을 발견할 때 중요한 것은 울음소리나 발자국, 똥, 먹이를 먹은 흔적 등 동물이 남긴 자취를 놓치지 않는 일이에요. 그 흔적을 단서로 삼아 동물이 이 근처에 있는지, 동물의 숫자가 많은지 적은지를 침착하게 분석해서 찾아내지요. 내가 일하는 야생 생물 보호 센터에는 관광객, 동물 카메라맨, 동물 조사원 등 정말 다양한 사람들이 찾아와요. 나는 사람들에게 사람과 동물 사이에 발생하는 사고의 예방책을 알려 주기도 하고, 어린이들을 대상으로 한 관찰 모임도 진행하고 있어요. 동물들이 사는 자연의 위대함과 소중함을 올바르게 전달하기 위해서지요. 일을 마친 뒤나 휴일에도 동물을 발견하는 기술을 갈고닦고 있답니다!

- 난세이 제도는 일본 본섬의 가장 남쪽에 있는 규슈와 대만 사이의, 1200㎞에 이르는 섬들을 말해요. 난세이 제도는 '일본의 남서쪽에 있다'는 뜻이지요. 아열대 식물이 자라는 따뜻한 지역이랍니다. 행정상으로는 오키나와현에 속해요.

아마미이시카와무당개구리

짠! 하고 뒤집으면 '그 녀석'이 숨어 있지요

난세이 제도에 사는 동물

깊이 숨어들 수 있는 구멍을 좋아해요.

물 빠짐 구멍에서 발견했어요!!

Found it!

어릴 때부터 동물을 좋아했던 나는 초등학생 때 처음으로 도감을 선물 받았어요. 그 책을 통해 이시카와무당개구리를 알게 되었어요. 이시카와무당개구리의 아름다운 모습에 '일본에 이런 개구리가 있었다니!' 하는 충격을 받았어요. 그 후로 이 개구리를 직접 만나기 위해 난세이 제도를 여행하는 것을 오랫동안 꿈꿔 왔어요. 그로부터 10년 뒤, 대학생이 되고 운전면허를 딴 나는 봄 방학을 이용해 즉시 아마미오섬으로 혼자 떠났어요.
일본 개구리 도감도 가방 안에 잘 챙겼고, 렌터카도 빌렸어요! 하지만 비행기 안에서 일본 개구리 도감을 집중해서 읽다가 깨달았어요. 발견 방법까지는 도감에 나와 있지 않다는 사실을요. 어떻게 찾기 시작해야 할까요······.

시냇물의 바위 틈새에서
울고 있었어요!

Found it!

개굴 개굴

짝짓기 철에는
'개굴개굴' 하고 새된
소리로 울어요.

발견하는 방법

현지에서 지도를 구하세요!

사실은 현지로 떠나기 전에 대략적인 서식지를 조사하는 것이 제일 좋지만, 발길이 닿는 대로 떠나는 여행도 매력적이에요. 이렇게 여행하는 경우에는 우선 현지에서 지도를 구하세요. 지도에서 시냇물이 흐르는 산골 지역을 찾아 그 부근의 숲속 도로를 차를 타고 천천히 달려 보세요. 비가 오는 날이면 개구리가 길에 뛰어드는 경우도 많아서 쉽게 발견할 수 있을지도 몰라요.

자주 머무는 곳

숲길에 마련된 물 마시는 곳을 들여다보세요!

낮이나 맑은 날에는 도로 위에 나타나는 경우가 별로 없고 시냇물에 있어요. 그러니 낮에 숲속 도로를 차로 달리면서 산책할 수 있을 만한 시냇가나 도로에 물이 고여 있는 장소를 찾아 두면 좋아요. 그리고 밤에 그 주위를 산책해 보세요. 도로 옆 둑에 파이프가 박혀 있다면, 그 안을 들여다보는 것도 좋은 방법이에요.

발견하는 단서

울음소리에 귀를 기울여요

2월부터 4월에 이르는 짝짓기 철에는 울음소리가 중요한 단서예요. 소리로 비교적 간단하게 개구리를 발견할 수 있어요. 작은 울음소리도 놓치지 않도록 차의 오디오를 끄고 창문을 열어 두세요. 울음소리가 들리면 차를 세우고, 그 주위를 산책해 보세요.

오키나와에 사는 오키나와이시카와무당개구리와 같은 종류로 알려져 있었지만, 2011년에 '아마미이시카와무당개구리'라는 이름으로 독립했어요!

DATA

몸길이 10cm 정도
특징 일 년 내내 발견하기 쉬워요.

반시뱀

위험! 밤길에 마주칠 확률이 높아요!

난세이 제도에 사는 동물

DATA
몸길이 2m 정도
특징 발견하기 쉬운 때는 겨울을 제외한 모든 계절이에요.

Found it!

밤의 숲길에서 발견했어요!!

이 반시뱀…… 화가 난 상태예요……. 반시뱀은 물기 전에 잠깐 물러나요.

반시뱀

몸이 두껍고 근육질인 반시뱀은 공격 범위가 넓기 때문에 특히 조심하세요!

이 시카와무당개구리에만 몰두해서 완전히 잊어버리고 있었는데, 아마미오섬에는 엄청나게 큰 반시뱀이 살고 있어요.
무서운 뱀이라 일부러 찾을 생각은 없지만 우연히 마주치기라도 하면 매우 위험해요. 반시뱀보다 내가 먼저 발견하고 싶은데 좋은 방법은 무엇일까요…….
건강하고 안전하게 개구리를 찾으러 다니고 싶거든요.

반시뱀은 단백질을 녹이고 조직을 파괴하는 맹독이 있어요. 아마미오섬의 반시뱀은 혈청의 해독 효과도 소용없다는 소문이 있어요…….

104

오키나와반시뱀

오키나와반시뱀은 수로 같은 곳에도 많아요.

집 안에도 들어와요…….

반시뱀은 산골부터 도시까지 어디든지 숨어들어요. 집 안에 들어왔다는 이야기도 자주 들렸어요. 지금은 포획한 반시뱀을 나라에서 사들이는 정책이 효과가 있는 모양인지 숫자가 줄어들고 있어요. 일부러 찾아 나서도 쉽게 발견하지 못하기도 해요. 그래도 숲속에서 2m에 가까운 커다란 반시뱀과 만나게 되는 경우도 있으니 절대 방심하면 안 돼요.

발견하는 방법

캄캄한 숲속 도로를 차를 타고 천천히

반시뱀을 발견하는 가장 효과적인 방법은 습도가 높은 날 밤에 차를 타고 산골의 숲길을 천천히 달리는 거예요. 해가 막 진 뒤, 시커멓게 어둠이 깔리기 시작할 무렵에 많이 볼 수 있어요. 그리고 개구리가 모여 있을 법한 물가에는 오키나와반시뱀이 발견되지요. 오키나와반시뱀은 그 수가 많아서 확률로 따지면 반시뱀보다 더 위험할지도 몰라요. 어느 쪽을 만나더라도 물렸을 때 대처가 늦으면 돌이킬 수 없는 일이 벌어져요.(독으로 손이나 발을 잃는 경우도 있어요.) 반시뱀뿐만 아니라 모든 독사는 조심해야 해요.

습도가 높은 날은 도로 위에 머물러요.

뱀은 피하고 싶어도 마음대로 되지 않고, 어떤 식으로 마주치든 위험해요. 그렇기 때문에 숲에 들어갈 때는 장화를 신고, 손이 닿는 곳을 항상 주의하며 행동하세요. 뱀에게 너무 가까이 다가가거나 몰아붙이지 않는 한 뱀이 쫓아오지는 않으니 안심해요.

스네이크 후크로 붙잡아요.

반시뱀은 어떻게 움직일지 예측이 어려워요. 그래서 익숙하지 않은 사람은 스네이크 후크로도 잡지 마세요.

아마미검은멧토끼

힌트는 '뜨끈한 똥'과 발자국

> 난세이 제도에 사는 동물

자주 머무는 곳

차는 거북이 운행으로

아마미검은멧토끼는 몽구스 퇴치 노력이 성공한 덕분인지, 조금씩 숫자가 늘고 있어요. 그래서 숲속 도로에 갑자기 튀어나오는 경우가 많아서 교통사고도 자주 발생한대요. 그러니 함부로 속도를 내서 달리면 곤란해요! 숲속을 달릴 때는 최대한 천천히, 동물이 달려들어도 즉시 멈출 수 있는 속도로 다녀야 해요. 나는 토끼가 나타날 것 같은 지역에서는 사람이 걷는 속도로 천천히 달린답니다.

발견하는 방법

새로운 똥은 어디에?

아마미검은멧토끼를 발견하는 방법 중에서 가장 효과적인 것은 낮에 숲속을 드라이브하며 똥을 찾는 것이에요. 새로 눈 똥이 있는 장소일수록 토끼와 마주칠 확률이 높아요! 모아 둔 똥이 있어도 오래된 것밖에 없으면 근래에는 그 장소에 오지 않는다는 증거예요.

> 뜨끈뜨끈한 똥을 찾아볼까요.

발자국도 중요한 힌트가 된답니다!

> 밤에는 이런 식으로 도로에 나타나요.

> 앗!

> 몸이 까만색이라서 도로와 하나인 것처럼 보여요.

'검은멧토끼 주의'라고 적힌 간판을 눈여겨보세요

'검은멧토끼 주의'라는 간판이 있는 숲길에는 당연히 검은멧토끼가 많을 테니, 그것을 목표로 삼는 것도 하나의 방법이 되겠지요. 낮에 표시해 둔 숲길을 밤에 차를 타고 천천히 달리다 보면 도로에 검은멧토끼가 나타날 거예요. 최근에는 검은멧토끼를 찾을 목적으로 밤에 숲속을 달리는 차가 많아진 기분이 들기도 해요……. 사고 방지를 위해서라도 한두 마리 발견하면 깊은 곳까지 쫓지 말고 길에서 벗어나 주면 좋겠어요.

이 시카와무당개구리는 어쩌다 보니 발견에 성공했어요. 어렵게 아마미오섬에 왔는데, 아마미검은멧토끼라는 녀석도 보고 싶어졌어요. 하지만 아마미검은멧토끼는 천연기념물이고, 새끼를 기르는 모습이 그림책에 등장할 정도로 희귀한 동물이에요. 간단히 찾을 수는 없을 것 같아요. 동물을 좋아하는 사람으로서 희귀 동물이 있는 산속을 소란스럽게 뛰며 돌아다니는 것도 내키지 않았고요…….

맞아요! 야생 동물 보호 센터라는 곳이 있었어요! 그곳에 가서 이것저것 궁금한 내용을 물어 봐야겠어요!

Found it! 밤에 숲속 도로에서 발견했어요!!

삐— 삐—

몸은 새카매요.

몸놀림이 둔해서 도망치는 속도가 느려요. 돌진하는 속도는 빠르지만요.

얼굴이 갸름한 토끼도 있고, 동그란 토끼도 있고 생김새가 다양해요.

울음소리로 의사소통을 해요. 울음소리는 '삐—삐—' 하는 휘파람 소리랑 비슷해요.

DATA
몸길이 50cm 정도
특징 일 년 내내 발견하기 쉬워요.

아마미멧도요

천연기념물인데, 느림보?

> 난세이 제도에 사는 동물

검 은멧토끼가 생각보다 많아서 나는 깜짝 놀랐어요. 평범하게 숲속 도로를 달리기만 했는데도 여섯 마리나 봤거든요. 하지만 한 마리를 발견했더라도 깊은 곳까지 뒤쫓지 말고 그 길을 떠나 주길 바란다는 당부를 잊지 않았으면 해요.
그러고 보니 검은멧토끼를 만난 밤 도로 위에 커다란 새가 있었어요. 좀처럼 도망가지 않아서 아주 가까운 곳까지 다가갔었는데, 그것은 무슨 새였을까요?
새 도감을 보니 아마미멧도요와 비슷했어요……. 하지만 이 동물도 천연기념물이라고 해요. 쉽게 발견할 수 있는 동물은 아니었겠죠. 만약 아마미멧도요였다면 찾아보고 싶어요. 특별한 발견 방법이 있을까요?

꽤 두툼하고 둥근 이미지예요.

옛날에는 그 지역 사람이 맨손으로 잡았다고 해요.

Found it!

밤의 숲길에서 발견했어요!

부리가 사정없이 길게 뻗어 있어요.

조사를 위해서 허가를 받아 포획하는 경우에는 차를 타고 천천히 흘러가듯 달리면서 물고기 그물로 잡아요…….

발견하는 방법

숲 도로의 갓길에!

아마미멧도요도 밤중에 차를 타고 숲속을 천천히 달리다 보면, 항상 있다고 할 만큼 자주 만날 수 있을 거예요. 갓길에 있는 경우가 많아서 천천히 주위를 살펴볼 필요가 있어요. 차에서 내리거나 걸어서 다가가면 금방 달아나 버려요. 차 안에 탄 상태로 관찰하면 꽤 가까이 다가갈 수 있지요. 아마미멧도요가 놀라지 않도록 최대한 기척을 내지 않고 서서히 다가가야 해요. 도로에서 날아서 도망가도 앞쪽 도로에 다시 내려앉을 때가 많으니 다치지 않게 하려면 차를 타고 뒤를 쫓는 일은 없어야겠지요.

갓길에 가만히 서 있는 경우가 많아요.

'류큐소쩍새'도 많아요!

아마미멧도요와 마찬가지로 밤에 숲속을 달리다 보면 자주 볼 수 있는 새 중에 류큐소쩍새가 있어요. 류큐소쩍새는 도로에 나타나는 벌레를 잡으려고 갑자기 날아드는 경우가 많아서, 달리는 차에 부딪히는 사고를 자주 당해요. 아마미오섬에서는 언제나 주의해서 달려야 해요.

DATA
몸길이 35cm 정도
특징 일 년 내내 발견하기 쉬워요.

가드레일 위에서 도로에 있는 벌레를 잡으려고 자세를 취하고 있어요.

일본어치

'까-까-' 시끄러운 울음소리가 들리면……

난세이 제도에 사는 동물

Found it!

숲 속, 울음소리가 나는 곳에서 발견했어요!

까—
까—

둥지 재료를 옮기고 있어요.

발견하는 방법

까마귀와 비슷한 울음소리

일본어치는 산골에 사는데 경계심은 강하지 않아요. 천연기념물로 지정되어 있지만 최근에는 숫자도 안정되어서 숲 공원에서도 자주 볼 수 있어요. 아마미오섬에서는 산기슭의 일반 가정집에 둥지를 치는 경우도 있으니 더욱 쉽게 볼 수 있어요. 발견 방법은 울음소리예요. 까마귀와 비슷한 '까-까-' 하고 귀에 꽂히는 소리로 울기 때문에 금방 알 수 있어요. 울음소리가 들리는 방향을 보고 있으면 금세 나타날 거예요.

일본어치도 천연기념물이었나요? 아마미오섬은 천연기념물이 많네요. 섬에 오기 전까지 일본어치라는 새를 몰랐어요. 하지만, 그 이미지가 다양한 분야에서 사용된다고 하기에 궁금해졌어요. 이왕 여기까지 왔으니 직접 보고 싶어요.

퀴즈 차이를 알아볼 수 있나요? 바다직박구리와 닮았어요!!

정답 일본어치는 부리와 꼬리 끝이 하얀색이에요. 그리고 길어요! 바다직박구리는 몸 크기가 더 작고 별다른 특징이 없어요.

왼쪽: 일본어치
오른쪽: 바다직박구리

밤에는 전선 위에서 자고 있었어요!!

전선 위나 나뭇가지 끝에서 자는 이유는 반시뱀으로부터 몸을 지키기 위해서예요.

zzz…

자주 머무는 곳

전선은 안전해요!

밤에는 숲길 위 전선에 앉아서 자는 경우가 많아요. 검은멧토끼를 찾을 때 조금만 전선을 신경 써서 살펴보면 재미있어요.

'천연기념물'이라는 말을 들으면 희귀한 동물이라는 생각이 들 수도 있지만, 일본어치는 공원이나 일반 가정집의 처마 밑에도 둥지를 틀고 사는 가까운 새예요.

DATA
몸길이 38cm 정도
특징 일 년 내내 발견하기 쉬워요.

'호랑지빠귀'는 좀처럼 볼 수 없지만…….

운이 좋으면 밤에 전선이나 갓길의 나무 위에서 볼 수 있을지도 몰라요.

나무타기도마뱀

나무를 오르고 있는 도마뱀……입니다

> 난세이 제도에 사는 동물

이 시카와무당개구리의 아름다움에 푹 빠져 있었던 초등학생 때의 일이에요. 쇼핑몰의 애완동물 가게에서 나무타기도마뱀이라는 동물을 본 적이 있어요. 확실히 아마미오섬에서 태어났다고 적혀 있었던 기억이 나요. 일본에 그토록 선명한 초록색의 멋진 도마뱀이 있다니 깜짝 놀랐어요. 너무 갖고 싶어서 부모님께 졸라 봤지만 사 주지 않으셨어요. 옛날 생각이 나서 이왕 온 김에 보고 가고 싶어요.

발견하는 방법

무릎에서 눈 사이의 높이

나무타기도마뱀은 아주 높은 나뭇가지 끝에 머물지는 않고, 어른의 무릎에서 눈 정도에 있는 경우가 많아요. 몸이 충분히 따뜻해지면 땅으로 내려와 곤충을 잡아먹어야 하기 때문일까요?

요나구니섬에 사는 것은 요나구니나무타기도마뱀, 이시가키섬이나 이리오모테섬에 사는 것은 사키시마나무타기도마뱀, 아마미 혹은 오키나와에 사는 것은 오키나와나무타기도마뱀이에요.

말똥말똥

나무 뒤에 숨는 것이 특기

발견하는 단서

아침, 해가 잘 드는 나무에

나무타기도마뱀은 나무 위에서 생활하는 동물로 굵은 나무의 줄기에 있는 경우가 많아요. 맑은 날 아침에 해가 잘 드는 나무를 찾아보세요.

DATA

몸길이 25cm 정도
특징 발견하기 쉬운 계절은 여름이에요.

식초전갈

독특한 냄새를 발사!

> 난세이 제도에 사는 동물

숲 속을 걷고 있는데 몇 차례 시큼한 냄새가 풍겨 왔어요. 그때는 냄새의 정체를 몰랐지만 아마미오섬에 온 기념으로 공항에서 구입한 아마미오섬 동물에 대한 책을 읽다가 정체를 알게 되었어요.
바로 식초전갈이 그 냄새의 주인공이었어요. 얼마나 멋지게 생겼던지요……. 실제로 꼭 보고 싶었어요. 그동안 식초전갈을 몰랐던 나의 무지함을 탓할 뿐이었어요.

발견하는 방법

오키나와반시뱀도 조심해야 해요

돌 안쪽에는 오키나와반시뱀이 있을지도 모르니 손을 넣을 때는 신중해야 해요……. 뒤집을 때는 질질 끌지 말고 재빨리 들어 올려 옆으로 확 치우는 것이 노하우예요. 뒤집힌 돌은 동물 관찰이 끝나면 원래대로 돌려 놓으세요.

자주 머무는 곳

돌을 뒤집어 보면…….

식초전갈은 돌이나 쓰러진 나무의 뒤쪽에 있어요. 흙이 푹신할 정도로 부드럽고 적당히 축축한 숲에서, 손으로 잡기 알맞은 돌을 뒤집어 보세요.
● 무겁고 움직이지 않는 돌보다 뒤집기 쉬운 돌을 찾아요.

> 꺄! 돌을 뒤집어 보니 몸을 움츠리고 있었어요!

바다거북

유명한 '바다거북의 산란'도 볼 거예요!

난세이 제도에 사는 동물

언제 볼 수 있을까?

알을 낳을 준비일까요?

여름이 되면 알을 낳기 위해 해안으로 찾아와요. 바다거북이 밤에 해변으로 올라올 때는 매우 예민해요. 조명은 영향을 덜 주는 붉은색을 사용하세요.

바다거북이라니! 바다거북도 있었다니! 나는 돌아오는 비행기 안에서 안타까운 몸부림을 쳤어요. 전혀 생각도 못했어요. 바다거북이 있을 것이라고는요. 아무것도 몰랐던 내가 너무너무 원망스러웠어요. 하지만 책을 다시 잘 읽어 보니 다행히 초봄에는 발견하기 힘들대요. 여름! 여름이었어요! 기다려라, 바다거북! 여름에 다시 찾아올 테니.

DATA

몸길이 1m 정도
특징 발견하기 쉬운 계절은 어미 거북은 5~8월, 새끼 거북은 7~10월이에요.

동물에게는 붉은 조명을 사용해요!

발견하는 단서

능구렁이 근처에?

게나 능구렁이는 새끼 거북을 잡아먹기 때문에 거북의 부화에 민감하게 반응해요. 해변에 커다란 능구렁이가 있다는 것은 어쩌면 새끼 거북이 나타날 신호일지도 몰라요.

Found it!

푸른바다거북의 새끼가 나타났어요!

푸른바다거북의 새끼 거북

내 마음대로 고른 희귀 동물 발견 방법을 소개합니다

사람이 사는 곳과 이렇게 가까이에 있었어요! 경계심도 적어요!

일본에는 전갈이 살지요. 그리고 누구나 만나 보고 싶어 하고요. 난쟁이나무전갈을 보고 싶으면 이시가키섬이나 이리오모테섬의 숲에 떨어져 있는 썩은 나무를 찾아요. 너무 습하지도 않고 너무 건조하지도 않으면서, 나무껍질이 남아 있는 정도의 썩은 나무를 발견하면 조심히 껍질을 벗겨 보세요. 신중하게 들춰야 해요. 너무 작아서 미처 보지 못하고 지나칠 수 있거든요. 한 마리라도 나타난다면 난쟁이나무전갈이 살기에 좋은 조건을 갖춘 썩은 나무라는 뜻이에요. 더 파 보면 더 많은 난쟁이나무전갈이 숨어 있을지도 몰라요.

한 마리만 보여도 몇 마리가 더 있는 거예요!!

그 안에 조금 더 있을지 몰라요!

난쟁이나무전갈

관수리

이렇게까지 다가오면 아무래도 신경이 쓰이는데…….

빤———히

현지의 초등학생이 알고 있었어요!

하늘을 나는 모습, 역시 멋지네요!

높은 전봇대 위에서 사냥감을 찾고, 발견하면 즉시 날아올라요!

관수리를 찾고 싶으면 이시가키섬이나 이리오모테섬에서 일단 차를 타고 섬을 한 바퀴 돌아요. 전봇대 위에 커다란 맹금류가 머물러 있는 것이 보이면, 부모님에게 멀찌감치 차를 세워 달라고 말하고 마음을 차분히 가라앉히며 창문을 열어요. 느린 속도를 일정하게 유지하고 수상한 움직임은 자제하면서 슬며시 그 전봇대로 다가가요. 가까이에 차를 세우고 차 안에서 훔쳐 보면 아마도 바로 도망가지 않고 그쪽을 응시할 거예요. 계속 도망가지 않을 것 같으면 차에서 내려서 더욱 잘 살펴볼 수도 있어요.

현지의 또래 친구들에게 물어보는 것도 괜찮은 방법이에요. 관수리는 주변에서 만날 수 있는 인기 동물이기 때문에 '○○초등학교의 뒤뜰 나무에 항상 있어요.', '○○초등학교 앞 전봇대 위에 언제나 암컷 관수리가 있어요.', '수컷은 학교 뒤뜰 나무에 있어요'. 같은 자세한 정보를 얻을 수 있을지도 몰라요. 물론 의사소통이 쉽지 않겠지만요.

낮에도 상관없이
활동 중

털북숭이날여우박쥐

환한 낮에 천선과나무를 먹고 있었어요!

아마미오섬에는 박쥐가 많지만, 털북숭이날여우박쥐는 없어요! 놀랍지요! 그래서 오키나와 본섬이나 마에지마섬에 가면 나도 모르게 찾게 되고는 해요. 털북숭이날여우박쥐를 발견하려면 잘 여문 천선과나무 열매를 찾아요. 박쥐는 야행성이라고 생각하기 쉽지만, 낮에도 열매를 맛있게 먹고 있는 장면을 볼 수 있어요.

천선과나무의 열매가 잘 익어 있으면 그 나무가 박쥐를 찾는 포인트!

온몸이 보이면 뱀인 것을 알 수 있죠!

기쿠자토개울뱀

머리만 내밀고 있으면, 발견하기 어려워요!

양서파충류 마니아들 사이에서 아이돌 같은 존재인 '도마뱀붙이'가 일본에도 살고 있다니 생각만으로도 가슴이 두근두근 뛰어요. 일본에는 다섯 종류의 도마뱀붙이가 있는데, 모두 천연기념물이라 집에서 키울 수는 없어요. 하지만 야생에서 사는 모습을 보고 싶지 않나요! 도마뱀붙이는 모두 난세이 제도에 분포하고 있기 때문에, 일단 그중에서 보고 싶은 도마뱀붙이가 사는 섬에 가요. 도마뱀붙이는 더운 날씨를 좋아해서 썰렁한 날씨에는 모습을 드러낼 확률이 낮아요. 한여름이 발견하기 가장 적당한 계절이지요. 무더운 한여름 밤에 숲길을 걷다가 갓길 쪽에 약간 풀로 뒤덮인 듯한 장소가 있다면 그냥 지나치지 말고 그곳을 살펴보세요!

도쿠노섬의 오비섬도마뱀붙이. 작고 재빨라요!

한여름 밤의 숲길

구메섬의 구메섬도마뱀붙이. 크고 예뻐요!

구메섬도마뱀붙이

마니아에게 인기 있는 개울뱀

조금 과격한 취향으로 느껴질지 모르지만, 개울뱀을 동경하는 사람도 많아요. 개울뱀은 희귀 동물이기 때문에 보호를 위해 개울뱀이 있는 정확한 장소를 알리는 행동은 바람직하지 않아요. 하지만 어떤 방법으로든 직접 보고 싶은 사람은 우선 서식지를 인터넷 등을 이용해 조사하고, 그 내용을 지도와 맞추며 확인하는 방법이 좋아요. 개울뱀이 있는 곳은 저지대의 습지가 많기 때문에 가슴장화를 추천해요. 개울뱀은 거의 일 년 내내 볼 수 있는데, 여름에는 오전 11시 무렵부터 해가 떠 있는 동안 발견되는 경우가 많고, 가을과 겨울에는 밤에 발견되는 경향이 있다고 해요. 그다음은 운에 맡기는 걸로……!

중국상자거북

이시가키섬과 이리오모테섬에 살아요.

천연기념물이라서 건드리면 안 돼요! 절대로!

파인애플 밭에!

일본에 사는 유일한 상자거북! 정말 멋져요. 중국상자거북은 축축한 육지를 좋아하기 때문에 숲의 도랑 같은 장소를 찾아요. 또 사탕수수 밭이나 파인애플 밭 등 경작지에 나타나는 경우도 많고, 넓은 도로를 건너는 경우도 있기 때문에 운전할 때는 주의가 필요해요.

사키시마장지뱀

이시가키섬과 이리오모테섬, 쿠로시마섬에도 있어요.

풀과 한 몸처럼 보여요!

선명한 초록색의 몸에 갸름한 얼굴을 한 잘생긴 도마뱀, 멋지지 않나요. 나무보다 풀을 좋아하고, 풀숲의 볏과 식물이나 자귀나무에 숨어 있어요.

마에지마 제도에서 도로를 걷다가 발견한 줄꼬리뱀

나무 위에 있는 경우도!

상냥한 얼굴의 거대한 뱀. 발견하던 한번은 잡아 보고 싶어요……. 이시가키섬이나 이리오모테섬에서는 밤낮을 가리지 않고 길 위에서 볼 수 있는 경우가 많아요. 새를 잡아먹으려는지 미야코섬에서는 밤중에 나무 위에서 자주 발견되지요.

사키시마줄꼬리뱀 200cm

자연 보호관 가모토 150cm

사키시마줄꼬리뱀

미야코섬에서는 나무 위에서 발견되는 경우가 많아요.

무태장어

난세이 제도에는 이유는 모르겠지만 시냇물에 거대한 장어가 살아요! 시냇물을 거슬러 올라가 물이 고인 곳을 살펴보세요. 시냇물과 어울리지 않는 거대한 장어가 헤엄치는 풍경이 흥미로워요! 물냉이 밭에서 볼 수 있는 경우도 있어요.

장어가 헤엄치고 있어요!

물냉이 밭을 엉망으로 만들고 있는 장면을 발견!

도마뱀붙이

자판기 속에 있었어요!

와! 온통 도마뱀붙이!

난세이 제도는 도마뱀붙이 천국이에요! 굳이 찾지 않아도 발견할 수 있지만, 찾는다면 시간은 밤이 좋아요. 편의점이나 자동판매기에 가 보세요. 불빛에 이끌려 모이는 벌레를 잡아먹으러 와요.

나뭇가지같이 생긴 벌레

난세이 제도에서 고부대벌레를 발견할 때는 알로카시아를 찾아요.

고부대벌레

울퉁불퉁하고 딱딱한 몸이 특징이에요. 두껍고 짧은 생김새가 매우 매력적인 대벌레지요.

요나구니말

말이에요! 조랑말 같나요?

온순한 야생말

요나구니섬 토종 소형 말이에요. 작은 섬이라서 섬 바깥둘레를 따라 걷다 보면 해변의 언덕에서 쉽게 볼 수 있어요.

마치며

어린아이는 단순히 '동물을 발견하고 싶다!'라는 충동 때문에 무모한 행동을 할 수도 있어요. 하지만 반대로 어른이 된 다음에는 몸보다 머리가 먼저 움직여서 마음 가는 대로 행동하기 어려워진답니다. 그리고 대부분의 어린이가 어른이 되면서 자연스럽게 주변 동물에 대한 흥미를 잃어 가지요. 이것이 평범한 현상이겠지만, 세상 사람들이 동물을 발견하고 동물과 놀던 시절의 기분을 어딘가에 두고 와 버렸다고 생각하면 조금 쓸쓸해져요. 나는 어렸을 적에 동물 발견하는 것을 무척 좋아해서 발견하면 말로 설명할 수 없을 정도로 기뻤어요. 운동이든 공부든 뛰어나지 않았지만 동물을 발견하는 그 순간에는 친구들 사이에서 영웅이 될 수 있었지요. 다음 세대에게 이런 감정을 알려 주지 않아도 괜찮은 건지 걱정스러운 마음에 이 책을 쓰기 시작했어요.

동물을 눈으로 보기만 한다면 동물원이나 관찰 모임에 참여해도 좋겠지요. 하지만 다른 사람이 발견한 동물을 순서를 기다려서 여럿이서 보는 것이 진짜로 자연과 동물을 친밀하게 느끼도록 해 줄까요? 동물과 자연을 온 마음을 다해 지키고 싶다는 생각을 키워 줄까요? 누가 시키지 않아도 직접 조사하거나 깊게 생각하며 탐구해 보고, 호기심으로 동물을 찾아보면서 '진짜 체험'을 하는 것이 중요하지 않을까요? 나는 그렇게 생각했어요.

나는 여러분이 이 책과 만난 것을 계기로 꼭 스스로 동물을 발견하는 기쁨을 알게 되었으면 해요. 그리고 또 다른 친구들에게 그 기쁨을 알려 주길 바라요. 이런 노력이 자연이나 동물에 대한 친근한 감정으로 연결되면 좋겠어요.

자, 다가오는 주말에는 오감을 최대한 발휘해서 동물을 찾아보면 어떨까요!

동물 사진작가 **마츠하시 도모미츠**

"발견해 버렸어……"

동물을 제대로 발견할 수 있는 곳

* 자연공원

풀과 나무가 어우러진 곳이면 어디서나 작은 동물들을 만날 수 있어요. 근처 공원을 둘러보세요!

* 특별한 동물 체험

알파카 월드

강원도 홍천군 화촌면 풍천리 310
TEL: 1899-2250
홈페이지: http://www.alpacaworld.co.kr

타조 마을

경기도 파주시 교하로 595-36
TEL: 031-942-6272
홈페이지: http://www.koreatajo.com

노루 생태 공원

제주특별자치도 제주시 명림로 520(봉가동)
TEL: 064-728-3611
홈페이지: http://roedeer.jejusi.go.kr

* 동물원

서울대공원 Seoul Grand Park

희망과 삶의 활력이 느껴지는
힐링 동물원

(13829) 경기도 과천시 대공원광장로 102
TEL: 02-500-7335
홈페이지: http://grandpark.seoul.go.kr

Profile

지은이. 마츠하시 도모미츠

수족관에서 사육사로 일했던 것을 계기로 동물 사진작가가 되었습니다. 물가에 사는 동물이나 수족관과 동물원에 사는 동물, 특이한 애완동물을 촬영하고 있습니다. 지금은 어린이들을 위한 동물 책을 쓰고 있어요. 아이들에게 동물과 직접 만날 기회를 만들어 주고 싶은 마음으로 박물관에서 동물 교실 선생님으로도 활약하고 있어요. 우리나라에 소개된 책은 《동물을 제대로 잡는 방법》《동물을 제대로 키우는 방법》이 있어요.
홈페이지: http://www.matsu8.com

감수. 조신일

서울대공원에서 야생 동물 전문경력관으로 근무하며 자연 학습 프로그램 개발을 하고 있어요. 요즘에는 도심에 반딧불이, 나비, 수서곤충류, 양서파충류를 위한 소생물의 서식 공간을 조성하고 복원하는 데에 관심을 갖고, 서울과 수도권의 습지를 연구하고 있습니다. 지은 책으로는 《잠자리야 날아라》 등이 있으며, EBS에서 방영되고 있는 다양한 자연 다큐멘터리를 오랫동안 감수해 오고 있습니다.

옮긴이. 허영은

홍익대학교대학원에서 미술사학을 전공했어요. 지금은 바른번역 글밥아카데미 일어 출판번역 과정 수료 후 번역가로 활동하고 있습니다. 우리말로 옮긴 책으로는 《동물을 제대로 잡는 방법》《동물을 제대로 키우는 방법》《어디에서 왔을까? 맛있는 진화의 비밀》 등이 있습니다.

SONOMICHINO PRONI KIKU IKIMONONO MITSUKEKATA by Toshimitsu Matsuhashi
Copyright © Toshimitsu Matsuhashi 2017
All rights reserved.
Original Japanese edition published by DAIWASHOBO CO., LTD.
Korean translation copyright © 2018 by BomnamuPublishers, an imprint of Hansmedia Inc.
This Korean edition published by arrangement with DAIWASHOBO CO.,LTD., Tokyo, through Honno Kizuna, Inc., Tokyo, and BC Agency.

이 책의 한국어판 저작권은 BC 에이전시를 통한 저작권자와의 독점 계약으로 봄나무(한즈미디어(주))에 있습니다. 저작권법에 의해 한국 내에서 보호를 받는 저작물이므로 무단전자 와 복제를 금합니다

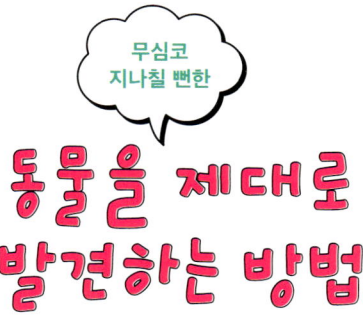

마츠하시 도모미츠 지음 | 조신일 이학박사(서울대공원 전문경력관) 감수 | 허영은 옮김

2018년 6월 4일 초판 발행
펴낸이 _ 김기옥 ● 펴낸곳 _ 봄나무 ● 아동 본부장 _ 박재성
편집 _ 김인애 ● 디자인 _ 나은민 ● 영업 _ 김선주 서지운 ● 제작 _ 김형식 ● 지원 _ 고광현 임민진
등록 _ 제313-2004-50호(2004년 2월 25일) ● 주소 _ 121-839 서울시 마포구 양화로 11길 13(서교동, 강원빌딩 5층)
전화 _ 02-325-6694 ● 팩스 _ 02-707-0198 ● 이메일 _ info@hansmedia.com

도서주문 한즈미디어(주)
주소 _ 121-839 서울시 마포구 양화로 11길 13(서교동, 강원빌딩 5층)
전화 _ 02-707-0337 ● 팩스 _ 02-707-0198

ISBN 979-11-5613-119-9 73490

● 이 책 내용의 일부 또는 전부를 재사용하려면 반드시 저작권자와 봄나무 양측의 동의를 얻어야 합니다.
● 책값은 뒤표지에 나와 있습니다.

★ 동물을 잡을 때에도 올바른 방법이 있답니다

장수풍뎅이나 메뚜기 같은 우리 주변의 곤충,
강아지, 토끼, 고양이 같은 포유류는 물론 뱀,
도마뱀 그리고 악어까지,
'동물 제대로 잡는 방법'을 알려 주는 교과서!

마츠하시 도모미츠 지음
조신일 이학박사(서울대공원 전문경력관) 감수
허영은 옮김
132쪽 | 12,000원

★ 2018 (사)행복한아침독서 추천도서

★ 저녁 반찬으로 사 온 조개도 키울 수 있다고요!

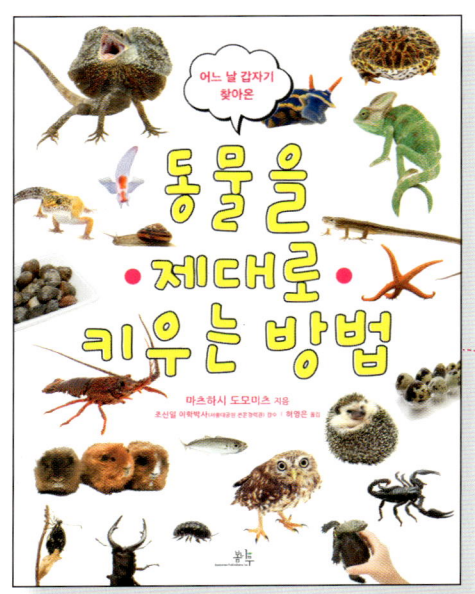

호랑나비나 여치, 공벌레, 우파루파는 물론
마트에서 사 온 닭새우와 문어까지,
'동물을 제대로 키우는 방법'을 알려 주는 교과서!

마츠하시 도모미츠 지음
조신일 이학박사(서울대공원 전문경력관) 감수
허영은 옮김
132쪽 | 12,000원

★ 2018 (사)행복한아침독서 추천도서